Harald Nagy

Leadership und Manager im Wandel der Zeit

Eine Darstellung sich ändernder Motivationsfaktoren von MitarbeiterInnen und die Analysemöglichkeit anhand des Modells „Spiral Dynamics".

GRIN Verlag

Bibliografische Information der Deutschen Nationalbibliothek:

Die Deutsche Bibliothek verzeichnet diese Publikation in der Deutschen National-bibliografie; detaillierte bibliografische Daten sind im Internet über http://dnb.d-nb.de/ abrufbar.

Impressum:

Copyright © 2012 GRIN Verlag GmbH
Druck und Bindung: Books on Demand GmbH, Norderstedt Germany
ISBN: 978-3-656-29407-8

Dieses Buch bei GRIN:

http://www.grin.com/de/e-book/201775/leadership-und-manager-im-wandel-der-zeit

GRIN - Your knowledge has value

Der GRIN Verlag publiziert seit 1998 wissenschaftliche Arbeiten von Studenten, Hochschullehrern und anderen Akademikern als eBook und gedrucktes Buch. Die Verlagswebsite www.grin.com ist die ideale Plattform zur Veröffentlichung von Hausarbeiten, Abschlussarbeiten, wissenschaftlichen Aufsätzen, Dissertationen und Fachbüchern.

Besuchen Sie uns im Internet:

http://www.grin.com/

http://www.facebook.com/grincom

http://www.twitter.com/grin_com

Masterthesis

Leadership und Manager im Wandel der Zeit

Eine Darstellung sich ändernder Motivationsfaktoren von MitarbeiterInnen und die Analysemöglichkeit anhand des Modells „Spiral Dynamics".

Harald Nagy

Jahrgang MBA 2012

Wintersemester 2011/12

17. Februar 2012

Inhaltsverzeichnis

Abkürzungsverzeichnis

bzw.	beziehungsweise
d. h.	das heißt
ggf.	gegebenenfalls
odgl.	oder dergleichen
u.a.	unter anderem
vgl.	vergleiche
V.I.E.-Theorie	Valenz-Instrumentalitäts-Erwartungs-Theorie
W-Meme	Werte-Meme
z. B.	zum Beispiel
et. al.	und andere

Abbildungsverzeichnis

1. Einleitung

1.1 Problemstellung

Zunehmende Komplexität und Globalisierung sowie hohe Dynamik – die Wirtschaft des 21. Jahrhunderts steht vor immer mehr Krisen in immer kürzeren Abständen. Das Führen von MitarbeiterInnen fordert uns zu-nehmend. Es gilt, immer komplexer werdende Anforderungen in neue Klarheiten zu überführen, um die Profitabilität im globalen Wettbewerb abzusichern *(vgl. Beck/Cowan 2007, 1. Auflage, o. S.)*

Verändern sich die Motivationsfaktoren unter denjenigen MitarbeiterInnen, zu Höchstleistungen bereit sind? Grundbedürfnisse werden u.a. von sozialen Systemen befriedigt; immer öfters übernehmen daher Teams, begleitet von externen ExpertInnen (Managementteams), die Führung von Privatunternehmen, wodurch den MitarbeiterInnen persönliche Leit- und Vorbilder abhandenkommen. Top-Führungs-kräfte konsultieren immer häufiger Coaches, die die Sicht von außen auf den Führungsbereich, das Unternehmen und die Mitarbeiter einbringen und als Sparring-partner dienen. Wie können unterschiedliche Fähigkeiten von MitarbeiterInnen in Teams besser erkennbar gemacht werden und diese durch die Zusammenstellung der Teams besser zur Geltung gebracht werden?

1.2 Zielsetzung

Diese Arbeit widmet sich der Frage, ob eine Veränderung der wichtigsten Motivationsfaktoren in einem Berufsleben besteht und Führungskräfte deshalb neue Modelle und Werkzeuge benötigen, um ihre MitarbeiterInnen und Teams im globalen Wettbewerb gewinnbringend, sicher und kreativ zu führen. Aufgrund global unterschiedlicher Managementkulturen fokussiert diese Arbeit dabei die geografische Region Deutschland und Österreich.

1.3 Forschungsfrage

Verändern sich die Motivationsfaktoren bei MitarbeiterInnen? Kann die Methode „Spiral Dynamics" ManagerInnen dabei unterstützen, Motivationsfaktoren und eine Veränderung bei MitarbeiterInnen in Unternehmen zu verstehen?

1.4 Wissenschaftliche Methode

Im Rahmen einer Literaturrecherche werden drei, für Spiral Dynamics relevante, historische Motivationtheorien erhoben. Ein Fragebogen, mit dem eine mögliche Veränderung von Motivationsfaktoren und Kriterien erhoben werden soll, wird in den Branchen Facility Management und Event-Marketing unter MitarbeiterInnen und Führungskräften der empirischen Erhebung dienen. Es erfolgt eine ausführliche vergleichende Analyse dieser empirischen Daten.

1.5 Aufbau der Arbeit

Zunächst wird im Kapitel eins, der Einleitung, der Aufbau dieser Arbeit in Form der Problemstellung, der Zielsetzung, der Forschungsfrage und die Methodik erläutert.

Im folgenden Kapitel zwei, wird eine Auswahl der Motivationstheorien der theoretischen Literatur geliefert, welche für Spiral Dynamics relevant erscheinen.

In Kapitel drei, werden die Grundlagen von Spiral Dynamics die Werte Meme (W-Meme) erörtert und inwieweit diese Methode Hilfestellungen für Führungskräfte liefern kann.

Anschließend werden in Kapitel vier, die empirischen Erkenntnisse die aus den ca. 100 ausgewerteten Fragebögen stammen, welche die Veränderung der Motivations-faktoren darstellen, ausführlich erläutert. Den Abschluss der Arbeit bildet eine Conclusio.

2. Relevante Motivationstheorien für Spiral Dynamics

In diesem Kapitel beschäftigt sich der Autor der Arbeit mit dem, was die Menschen bewegt und sie veranlasst, Leistungen, in welcher Größe und Intensität auch immer, zu vollbringen.

Die drei Theorien, welche in dieser Arbeit überprüft werden, sind nach Ansicht des Autors jene, bei denen Spiral Dynamics helfen kann, eine Zuordnung einer Person, eines Unternehmens oder eines Wirtschaftsraumes herzustellen.

Die ausgewählten Theorien sind: die Maslowsche Bedürfnis-Pyramide, Herzbergs Zwei-Faktoren-Modell und die Theorie V.I.E von Vroom. Untersuchungen über Motivationsfaktoren und Theorien gibt es in allen Kategorien, nach Firmen, nach Alter der MitarbeiterInnen, nach Branchen, nach ethnischen Vorgaben etc. Aber alle beschäftigen sich mit der Frage, wie ich eine Person motiviere, etwas zu tun, was sie offensichtlich nicht oder nur teilweise von selbst tut. Führungskräfte sehen sich heute nicht nur mit dem Problem konfrontiert, Motivationsfaktoren zu erkennen und zu stimulieren, um Personen dazu zu veranlassen, Dinge zu tun, die sie von selber offensichtlich nicht tun. Diese Motivationsfaktoren stellen sich immer öffter als veränderlich dar, wie aus dem empirischen Teil dieser Arbeit hervorgeht *Kapitel 4).*

Diesen Führungskräften stehen allerdings eine Vielzahl von Möglichkeiten und Werkzeugen zur Verfügung, um dieses Problem zu lösen. Eine davon ist Spiral Dynamics, auf die der Autor dieser Arbeit im Folgenden noch genauer eingehen wird *(vgl. Kapitel 3).* Der Autor dieser Arbeit, welcher mehrere Managementausbildungen besuchte, musste leider feststellen, dass in den Ausbildungen der Seminaranbieter und an den Fachhochschulen der Zusammenhang zwischen Motivationstheorien und Erkennungswerkzeugen wie z.B. Spiral Dynamics nicht oder nur sehr wenig geschult wird. Dies erklärt vermutlich, warum eine grosse Anzahl von Führungskräften, welche in der empirischen Untersuchung zu dieser Arbeit befragt wurden, zur Mitarbeiterführung nur sehr selten diese Managementwerkzeuge einsetzen *(vgl. Kapitel 4.2.2).*

„Motivation ist heute ein Schlüsselwort, geradezu ein Synonym für »Führung«. Zugrunde liegt die Vorstellung von etwas latent Vorhandenem, der Motivation nämlich, die ausgeschöpft vor sich hindümpelt, bis sie durch geeignete Intervention (Führung) »angefacht« wird, um alsdann wieder in die Latenzphase abzusinken, weil der Mensch halt zur Trägheit neige." *(Sprenger 2010, S. 23)*

Mit diesem Zitat bestätigt Sprenger die oben genannte Theorie, dass Motivation Menschen veranlasst, etwas zu tun, was sie offensichtlich nicht oder nicht von alleine tun würden, wenngleich er auch die Antwort, wie man nun die Motivationsfaktoren findet oder erkennt, schuldig bleibt.

2.1 Maslows Bedürfnispyramide

Abraham Harold Maslow entwickelte um 1940 dieses Motivationsmodell. Mit der berühmtesten aller Motivationstheorien wollte uns Maslow erklären, „warum Menschen zu bestimmten Zeitpunkten von bestimmten Bedürfnissen getrieben werden. Warum verbringt eine bestimmte Person so viel Zeit damit, sich persönliche Sicherheit zu schaffen, und eine andere, um die Wertschätzung durch andere zu erreichen." *(Kotler 2003, S. 315)*

Die Kernaussage der Bedürfnispyramide ist, dass die 5 zentralen menschlichen Bedürfnisse einer hierarchischen Anordnung unterliegen. Die untersten 4 Bedürf-nisse, physiologische Bedürfnisse, Sicherheitsbedürfnisse, soziale Bedürfnisse und Wertschätzungsbedürfnisse, werden als Defizit-Bedürfnisse angeführt. Das bedeutet, wenn diese nicht befriedigt sind, nimmt der Mensch diese als Defizit wahr und ist deshalb demotiviert.

Eine Grundlage der Theorie sind Entwicklungsstadien von Menschen, welche Maslow in seiner Theorie untersucht hat. Maslow geht davon aus, dass sich das Individuum erst dann weiterentwickelt, wenn es seine aktuellen Bedürfnisse befriedigt hat. Dies bezeichnet Maslow als „selbstaktualisierendes Individuum".
(vgl. Bär/Krumm/Wiehle 2010, S. 205)

Obwohl das Modell *Spiral Dynamics* den kognitiven Zustand bewertet, ist eine deutliche Übereinstimmung zwischen den untersten W-Memen und den untersten Bedürfnissen von Maslow zu finden.

So wird das beige W-Meme in der Literatur mit Überleben, Nahrungsaufnahme, Sicherheit und Sex zur Fortpflanzung beschrieben *(vgl. INTEGRALES FORUM e.V., 2008, in Bezug von Ken Wilber 2001).*

Geht man nun in der Hierarchie der W-Meme weiter nach oben, so ist das purpurne W-Meme als „Clan Meme" *(Beck/Cowan 2007, S. 308)* beschrieben, was das soziale Defizit-Bedürfnis in der Maslowschen Pyramide beschreibt. Das Bedürfnis nach Lob und Anerkennung ist in dem W-Meme-System von Beck /Cowan Orange und Blau zuzuordnen. In beiden W-Memen ist der Drang nach Bestätigung und auch Lob und Anerkennung ein wichtiger Faktor, auch wenn in völlig unterschiedlichen Ausprägungen *(vgl. Kapitel 3.2.4 und 3.2.5).* Die zweite Tier auf der Spirale ist vergleichbar mit dem Bedürfnis nach Selbstverwirklichung. Hier ist von Erhalt des Lebens, Vereinigung der Rassen und globalen Lösungen die Rede *(vgl. Andreas 2010, o. S.),* was im physiologischen Sinn der Selbstverwirklichung nahekommt.

In der Zeit, in der Maslow diese Theorie entwickelt hat, waren der Staat oder staatliche Organisationen nicht in der Lage, diese Grundbedürfnisse zu befriedigen oder zu unterstützen. Die Zeiten haben sich allerdings geändert, und wir leben in der längsten Periode ohne kriegerische Auseinandersetzungen seit Menschengedenken. Viele der Grundbedürfnisse wie sicheres Einkommen oder Wohnen, Kleidung, Essen werden durch den Sozialstaat gewährleistet oder zumindest subventioniert. Die Mindestsicherung ermöglicht es jedem Menschen, ein Mindestmaß an Einkommen zu haben, auch wenn er dafür keine Tätigkeit am Arbeitsmarkt leisten kann oder möchte. Als Beispiel wird dies in der Stadt Wien (Österreich) wie folgt beschrieben: „Die Mindestsicherung bietet neben der finanziellen Unterstützung zur Sicherung des Lebensunterhalts und Wohnbedarfs auch intensive Förderung bei der Jobsuche sowie sozialarbeiterische Beratung und Unterstützung". *(Stadt Wien, 2011)*

Somit sind die ersten drei Grundbedürfnisse der Maslowschen Theorie, physiologische, Sicherheits- und soziale Bedürfnisse, bereits zu einem unbestimmten Maß abgedeckt.

Nach Maslow wendet sich der Mensch einem höheren Bedürfnis zu, wenn das darunterliegende Bedürfnis zu einem Anteil von fast 70% gedeckt bzw. befriedigt ist *(vgl. Schreyögg, Koch, 2007, S. 187-188).*

Ob diese Feststellung bei der Einführung oder der Berechnung des Volumens der Mindestsicherung beachtet wurde, konnte nicht festgestellt werden. Dieses Beispiel zeigt aber, dass die Maslowsche Theorie angewandt wurde und wird.

Abb.1: Bedürfnispyramide nach Maslow, Quelle: www.it-fsinn.de/tag/maslow/ (29.09.2011)

2.2 Herzbergs Zwei-Faktoren-Modell

Im Jahre 1959 veröffentlichte Frederick Herzberg eine Studie, die sich nicht mit Bedürfnissen auseinandersetzt, sondern vielmehr mit Faktoren der Arbeitsunzu-friedenheit und Arbeitszufriedenheit. *(vgl. Jung 2011, S. 389)*
Die Ergebnisse von Herzberg und seinen MitarbeiterInnen wurden in der Pittsburgh-Studie veröffentlicht, welche ihren Namen durch den Ort ihrer Entstehung erhalten hat. *(vgl. Nerdinger/Blickle/Scharper 2011, S. 296)*

Im Ergebnis dieser Studie werden Faktoren, die zur Zufriedenheit führen, als Motivatoren bezeichnet, und Faktoren, die zur Unzufriedenheit führen, als Hygiene-Faktoren bezeichnet. Dies bedeutet, dass bei einer Verschlechterung von Hygiene-Faktoren wie z. B. Geld, Arbeitsplatzsicherheit, Unternehmenspolitik, interpersonellen Beziehungen und physischen Arbeitsbedingungen die Unzufriedenheit der MitarbeiterInnen steigt. Obwohl Herzberg nicht von Bedürfnissen spricht, sind die von ihm bezeichneten Motivatoren als Bedürfnisse in der Pyramide von Maslow wiederzufinden. Dort werden diese als physiologische, Sicherheits- und soziale Bedürfnisse bezeichnet *(vgl. Kapitel 2.1)*. Die von Herzberg angeführten Hygiene-Faktoren kommen wiederum als Kernelemente diverser W-Meme im Modell *Spiral Dynamics* vor. So ist eine Zufriedenheit mit der Unternehmenspolitik dem blauen W-Mem zuzuordnen *(vgl. Kapitel 3.2.2)* oder das Streben nach Geld und Statussymbolen im roten und orangen W-Mem zu finden *(vgl. Kapitel 3.2.5)*. Bei der Theorie von Beck/Cowan veranlasst eine Unzufriedenheit mit diesen Faktoren das Individuum dazu, das gegenwärtige W-Mem zu verlassen, was wiederum auch als eine Art Demotivation bezeichnet werden kann.

Herzberg ist der Meinung, dass bei einer Verbesserung dieser Faktoren allerdings keine Steigerung der Zufriedenheit eintritt, da die Steigerung dieser extrinsischen Bedürfnisse als selbstverständlich empfunden wird. Soll also eine steigende Unzufriedenheit bei den MitarbeiterInnen vermieden werden, so ist auf eine Befriedigung dieser Hygiene-Faktoren zu achten. Herzberg bleibt leider die Antwort schuldig, wie diese Veränderung zu erkennen ist. Beck und Cowan stellen dafür den Spiral-Dynamics-Test zur Verfügung, welcher Aufschluss über die derzeitige Einstellung des Individuums auf kognitiver Ebene gibt *(vgl. Anhang 1)*.

In der Pittsburgh-Studie werden internistische Faktoren als Motivatoren bezeichnet. Dies deshalb, da die Messbarkeit meist in der eigenen Einschätzung der MitarbeiterInnen entsteht. Die wichtigsten Motivatoren sind Leistungserfolg, Anerkennung, die Arbeit selbst, Verantwortung, Aufstieg, Entfaltungsmöglichkeiten *(vgl. Hentze/Graf 2005, S. 25-26)*.

Die Zwei-Faktoren-Theorie hat die interessante Erkenntnis erbracht, dass man gleichzeitig zufrieden und unzufrieden sein kann. Bestimmte motivierende Faktoren

reichen nicht, um eine konsequente Motivation zu schaffen: Gehalt und Arbeitsbedingungen alleine wirken nicht leistungsmotivierend, da sie als
Selbstverständlichkeit der Wertschätzung empfunden werden. So hat die Theorie
von Herzberg Impulse für eine moderne, inhaltsorientierte Arbeitsgestaltung
geschaffen – wie die Bereicherung von Aufgaben (Job Enrichment) oder die
Delegation der Initiative und Selbstverantwortung. Gleichzeitig hat Herzberg seine
Aufmerksamkeit auf die Unzufriedensteller ausgerichtet und damit einen Grundstein
für die Entwicklung von heute sehr verbreiteten Ansätzen über Demotivation gelegt.
Das Fehlen von Hygiene-Faktoren kann auf MitarbeiterInnen demotivierend wirken,
dann helfen keine motivierenden Maßnahmen *(vgl. Franken 2010, S. 94)*.

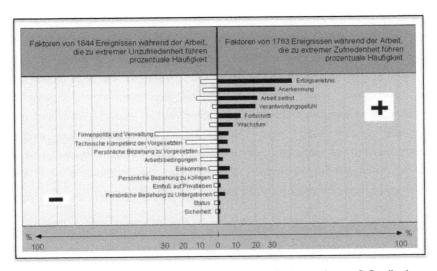

Abb. 2: Herzberg one more time: How do you motivate employees? Quelle: in
Anlehnung an: *Harvard Business Review 46, 1968 Nr. 1, S. 57*

2.3 Vrooms Expectancy-Theorie

Viktor H. Vroom (1964) beschäftigt sich in seiner VIE-Theorie mit der Frage, ob eine Leistungsmotivation, die eine Person zeigt, nicht situationsabhängig ist. Diese Ansicht ist sehr deckungsgleich mit den Aussagen von Spiral Dynamics, denn es wird immer wieder betont, dass Menschen situationsbedingt unterschiedlich handeln, wenn auch mit der Einschränkung, dass dies nur der Fall ist, wenn sich ein Individuum in einem fortgeschrittenen Stadium der W-Mem-Spirale befindet und auf die Erfahungen vorhergegangener W-Meme zurückgreifen kann *(vgl. Beck/Cowan 2007 S. 30).*

Die Grundannahme der Valenz-Instrumentalitäts-Erwartungstheorie (V.I.E) ist, dass sich Menschen Alternativen wählen, die ihren Nutzen maximieren. Dies ist im kognitiven Sinn ein typisches Verhalten des orangen W-Mem *(vgl. Kapitel 3.2.5)* Im physischen Sinn unterscheidet sich dieser Weg-Ziel-Ansatz allerdings deutlich von den bekannten Inhaltstheorien von Maslow und Herzberg und wird als Prozesstheorie bezeichnet. Der generelle Unterschied ist Vrooms Behauptung, dass Motivation nicht von Bedürfnissen abhängig ist, wie das Maslow oder auch Herzberg sagen, sondern viel mehr auch von situationsbedingten Wahrnehmungen und der daraus resultierenden subjektiven Einschätzung des Individuums, mit einer Anstrengung eine bestimmte Leistung zu erreichen *(vgl. Holtbrügge 2005, S. 18).*

Das erste wichtige Instrument dieser Theorie ist die Valenz. Diese bezeichnet die zu erwartende Wertigkeit eines Ergebnisses für ein Individuum. Nachdem ein großer Unterschied zwischen erwarteter und tatsächlich erreichter Zufriedenheit mit der Leistung einer Anstrengung gegeben sein kann, wird ausdrücklich auf den Unterschied zwischen Wert und Wertigkeit hingewiesen. Eine Valenz kann also positive, negative oder neutrale Ausprägungen haben. *(vgl. Pleier 2008, S. 78-79)*

Die Instrumentalitätserwartung ist die subjektive Einschätzung eines Individuums, ob eine Handlung hilfreich oder hinderlich ist, um ein Ziel zu erreichen. Somit wird jede Handlung mit einem Wert von +1 bis -1 versehen, um eine Auswertung dieser Einschätzung zu gewährleisten. *(vgl. Gourmelon/Morß/Seidl 1975, S. 85-86)*

Der dritte Parameter sind die Erwartungswerte. Sie stellen eine Vermutung des Individuums dar, mit welcher Wahrscheinlichkeit eine bestimmte Handlung ein bestimmtes Ergebnis zur Folge haben wird.

Dennoch ist darauf zu achten, dass MitarbeiterInnen, die eine hohe Motivation für eine bestimmte Aktivität haben, auch über die nötigen Fähigkeiten verfügen, um eine Aufgabe ausfzuführen zu können. Die Beziehung zwischen Produkt, Motivation und den Fähigkeiten, eine Leistung zu erbringen, muss nicht immer linear sein. Viel wahrscheinlicher ist eine funktionale Beziehung der Faktoren zueinander, um ein optimales Ergebnis zu erzielen *(vgl. Hentze/Graf et. al. 2005, S. 132)*.

Vroom stellt in seiner Theorie die Behauptung auf, dass ein Mensch nur dann motivierbar ist, wenn er eine hohe Wahrscheinlichkeit sieht, dass seine Bemühungen zu einer höheren Arbeitsleistung führen und diese zur Erreichung seiner persönlichen Ziele führt, wenn diese für ihn als attraktiv angesehen wird. Vergleicht man nun diese Aussage mit der Spiral-Dynamics-These, wonach sich ein Individuum einem neuen W-Mem zuwendet, wenn seine Bedürfnisse in seinem gegenwärtigen nicht mehr erfüllt werden, so ist hier eine Übereinstimmung insofern gegeben, dass auch im kognitiven Ansatz von Beck/Cowan die Zuwendung zu einem neuen W-Mem nur dann erfolgt, wenn das Individuum in diesem die Erfüllung seiner persönlichen Ziele vermutet und diese es soweit motiviert, dass das Individuum die Sicherheit des alten W-Mems verlässt *(vgl. Kapitel 3.1)*.

Bei kritischer Beobachtung der Motivationstheorie von Vroom ist zu beachten, dass Menschen nicht immer so handeln, wie es von Vroom dargestellt wird, denn Menschen handeln nur beschränkt rational und führen oft auch Routinearbeiten durch. Des Weiteren sind sie von der Wichtigkeit der Motivatoren und Hygienefaktoren abhängig, ebenso wie von ihren Bedürfnissen, wie Maslow und Herzberg in ihren Untersuchungen dargestellt haben, und auch von ihren aktuellen Denkstrukturen, wie im folgenden Kapitel 3 Spiral Dynamics dargestellt wird.

2.4 Zusammenfassung

Alle hier dargestellten Motivationstheorien haben einen unterschiedlichen Ansatz und kommen demzufolge zu ihren eigenen Lösungen, welche in sich schlüssig erscheinen, aber nach Ansicht des Autors dieser Arbeit vermutlich unvollständig sind. Wenn diese sich gegenseitig ergänzend angewandt werden, könnten diese zu einem wirkungsvollen theoretischen Ansatz führen. Was in keiner der hier dargestellten Motivationstheorien Berücksichtigung findet, allerdings in diverser Literatur angeführt wird, ist, dass Führungskräfte Vorbilder für zu motivierende MitarbeiterInnen sind. Die bestens angewandte Motivationstheorie kann nicht die Vorbildwirkung eines/einer Vorgesetzten ersetzen. MitarbeiterInnen haben eine recht genaue Vorstellung, wie sich ihre Chefs in gewissen Situationen verhalten sollen. Dies wird auf einem imaginären Konto permanent von MitarbeiterInnen registriert. Mit zeitversetzter Wirkung bestimmt dieses Konto auch die Zusammenarbeit zwischen MitarbeiterInnen und Führungskraft *(vgl. Albs 2005, S. 33-38)*.

Deutlich zu erkennen ist auch, dass die in diesen drei Theorien angeführten physiologischen Motivatoren, Bedürfnissen, Hygienefaktoren oder auch Erwartungshaltungen eindeutig in einzelnen W-Memen des Models *Spiral Dynamics* wiedergefunden werden können, was die Bewertbarkeit der physiologischen Bedürfnisse durch Spiral Dynamics auf kognitiver Ebene unterstreicht.

3. Grundlagen zu Spiral Dynamics

Nachdem in diesem Werk als ein zentrales Werkzeug zur Erkennung oder zur Kategorisierung der Motivationsfaktoren Spiral Dynamics dient, wird auf dieses Modell in diesem Kapitel näher und ausführlich eingegangen. Der Autor wird die Grundlagen und die einzelnen Bausteine dieses Modells, die W-Meme, welche von Beck/Cowan in ihrer Forschung herausgefunden wurden, darstellen und ihre Interpretationen mit jenen von Tom Andreas, einem der führenden deutsch-sprachigen Spiral-Dynamics-TrainerInnen, sowie mit Thesen von Ken Wilber, welcher sich eingehend mit dem Thema Spiral Dynamics beschäftigt hat und seine Thesen auch mit Beck/Cowan diskutiert und publiziert hat, vergleichen.

Zu diesem Kapitel findet sich im Anhang der Grundstein einer professionellen Spiral-Dynamics-Analyse. Das Testformular, welches Beck und Cowan aufgrund ihrer Studien der letzten 70 Jahre entwarfen, ist zwingend nötig für die Arbeit mit Spiral Dynamics. Dafür wird die deutsche Übersetzung von Tom Andreas verwendet. Es soll zeigen, nach welchen Kriterien eine Einstufung erfolgt. Die Basis für die ausgewählten Fragen und die Einstufung ist die Denkweise einer Person, nicht aber die Handlungsweise. Handlungen können durch Gegebenheiten des Kontextes beeinflusst werden und müssen nicht die Denkweise einer Person darstellen. Es ist festzuhalten, dass jede Einstufung nur eine Momentaufnahme ist und sich bei mehreren Tests von denselben Personen zu unterschiedlichen Zeitpunkten geringfügig unterschiedliche Ergebnisse ergeben können.

3.1 Das Konzept Spiral Dynamics

Clare W. Graves (1914 – 1986) lehrte am Union College von New York Psychologie. Graves missbilligt die Maslowsche Pyramide zunächst, da er der Meinung ist, dass sie zu starr ist. Nach einer achtjährigen Auseinandersetzung haben sich Maslow und Graves darauf geeinigt, die jeweiligen Modelle zu akzeptieren. Nachdem Graves sein Werk krankheitsbedingt nicht fertigstellen kann, wird es erst 2005 von Cowan/ Todorovic aus zahlreichen Manuskripten, Filmen und Tonaufzeichnungen zusam-mengestellt und unter dem Titel: „The never ending Quest" publiziert.

Cowan und Beck, welche als die wissenschaftlichen Erben von Graves bezeichnet werden, ist es zu verdanken, dass das gesamte umfangreiche Graves-Modell publiziert wird, und zwar unter dem Namen Spiral Dynamics. *(vgl. Bär/Krumm/Wiehle 2010, S. 206-207)*

Spiral Dynamics ist unterteilt in „die Spirale" *(vgl. Abb. 3)*. Sie ist eine Darstellung, die auf Clare W Graves zurückgeht, welcher von Beck und Cowan in ihrem Buch folgendermaßen zu seiner Darstellung der Denkweise von Menschen zitiert wird. „Kurz gesagt, ich schlage vor, dass die Psychologie der menschlichen Natur ein sich entfaltender, nach und nach herausbildender, schillernder spiralförmiger Prozess ist, in dem mit dem Wandel der existenziellen Probleme des Menschen schrittweise ältere Verhaltenssysteme niederer Ordnung neueren Systemen höherer Ordnung untergeordnet werden." *(Beck/Cowan 2007, S. 30)*

Somit stellt Graves nichts anderes dar als eine Hierarchie auf kognitiver Ebene, was wiederum dasselbe ist, was Maslow in seiner Bedürfnispyramide für die physiologischen Bedürfnisse ausgesagt hat *(vgl. Kapitel 2.1)*.

Im Gegensatz zu den physischen Bedürfnissen der im vorherigen Kapitel genannten Theorien, welche sich ändern, wenn eine Sättigung oder eine Befriedigung eingetreten ist, geht man bei W–Memen davon aus, dass diese bei einer unzureichenden Befriedigung bzw. bei einer zu geringen Akzeptanz der derzeitigen Situation den kognitiven Menschen veranlassen, weiterzudenken und eine für ihn weiterentwickelte Ordnung zu suchen, also ein neues weiterentwickeltes W-Mem zu suchen oder zu gestalten. Unter der Annahme, dass jeder Handlung ein Denk/Wunsch-Prozess vorausgeht, hat es den Anschein, dass bei Psychologie und Physiologie dieselbe hierarchische Entwicklung besteht, bei den physiologischen Bedürfnissen hierarchisch vom Überleben zur Selbstverwirklichung und bei den psychologischen vom niedrigsten Überlebens-instinkt bis zum global nachhaltigen Handeln.

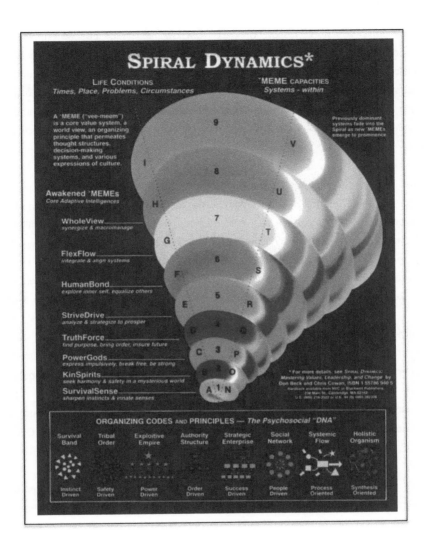

Abb. 3: Die W-Meme-Spirale, *Quelle: Andreas 2010 o. S.*

Interessant ist nur, dass in den Abbildungen der Literatur die Spirale den schmalen Punkt immer an der Unterseite hat *(vgl. Abb. 3)*, was den Grund haben dürfte, dass die Komplexität nach oben hin zunimmt. Durch die Änderung der Be- dürfnisbefriedigung unserer Zeit *(vgl. Kapitel 2.1)* wäre zu hinterfragen, ob nicht die physiologischen Bedürfnisse, wie sie Maslow darstellt, ebenso umgekehrt anzuordnen sind, die Gewichtung dennoch gleichbleibt, da das wichtigste Maslowsche Bedürfnis (physiologische Bedürfnisse) als erstes zu erfüllen ist und an oberster Stelle stehen sollte. Des Weiteren müsste dann die Bedürfnisbefriedigung nach unten gehen, da es sich um Defizite handelt, welche auszuschließen sind *(vgl. Kapitel 2.2 und 2.3)*. Ob diese These korrekt ist, wäre in einer gesonderten Arbeit zu untersuchen.

Don Beck und Christoper Cowan erklären das Konzept von Spiral Dynamics wie folgt. Die neue Zeit des neuen Denken wiederholt sich derzeit zum siebenten Mal - soweit wir es heute wissen. Wir suchen wieder nach den wesentlichen Mechanismen, die der menschlichen Natur ihre Gestalt geben - doch diesmal werden sie revolutionär sein. Wir behaupten, dass das Wissen und die Einsichten, die hierfür notwendig sind, in zwei miteinander in Verbindung stehenden Nebenflüssen des Denkens zu finden sind, dem horizontalen und vertikalen Denken. Den ersten bilden die weitreichenden Ebenen der menschlichen Existenz, wie sie der Entwicklungsforscher Clare W. Graves, der bis Ende der 1970er Jahre Psychologieprofessor am New Yorker Union College war, dargelegt hat. Danach kommt das Konzept der Meme, das der britische Biologe Richard Dawkins eingeführt und der Psychologe Mihaly Csikszentmihalyi später erweitert hat. Zusammengenommen kombinieren sie Lektionen der Molekularbiologie und der Neurowissenschaften mit traditioneller psychologischer Forschung *(vgl. Beck/Cowan 2007, S. 29)*.

Dies bringt uns zur näheren Betrachtung der einzelnen W-Meme. Neben den angeführten Erfindern des Models Spiral Dynamic sind in der Literatur vor allem Ken Wilbers Aussagen zu diesem Thema zu finden. Seine Anordnung der W-Meme ist dennoch unterschiedlich *(vgl. Abb. 4 mit 3)*, dennoch bestätigt er in vielen Bereichen die Thesen von Beck/Cowan, wie im Folgenden in der Betrachtung der einzelnen W-Meme zu erkennen ist. Weiters ist zu erkennen, dass die Hierarchie der W-Meme der gleichen Anordnung unterliegt. Ken Wilber bezeichnet die W-Meme, welche er als genetischen Code (DNA), dieser genetische Code ist auch bei Beck/Cowan ersichtlich *(vgl. Abb. 3)*. Im Handout Wilbers *(vgl. Abb. 4)* werden die W-Meme mit Bezeichnungen wie Horde, Stammesordnung, Imperium, Autoritätsstruktur, strategisches Unternehmen, soziale Netzwerke, systemischer Fluss dargestellt. Dennoch sind die Grundfarben der jeweiligen W-Meme, wie sie im Original Werk von Beck/Cowan dargestellt sind, eindeutig zu erkennen *(vgl. Abb. 4 mit Abb. 3)*.

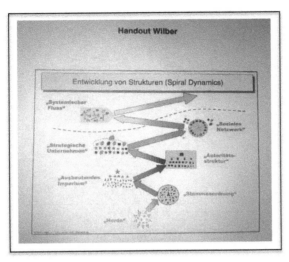

Abb. 4: Anordnung der W-Meme im Handout Wilber, Quelle: *Lutterbeck 2005*

3.2 Aufbau und Erklärung der Werte-Meme

W-Meme sind Denkstrukturen; sie bestimmen, wie Menschen denken und Ent-scheidungen fällen, aber nicht, wie sie handeln oder was sie glauben.
Sie, die W-Meme, sind stark kybernetisch und haben die Eigenschaft, nach Aus-weitung ihres Einflusses zu streben. Dafür benötigen sie einen offenen Geist, der es ihnen ermöglicht, sich weiterzuentwickeln und ihren Einfluss auszubauen. W-Meme-Forscher stellen sich die W-Meme wie Denkzellen vor, die sich über Kontinente, Berufe und Generationen verbreiten *(vgl. Beck/Cowan 2007, S. 51-53)*. Jedes W-Mem enthält die Informationen der mindestens darunterliegenden W-Meme oder aller vor-hergegangenen W-Meme-Stufen *(vgl. Andreas 2010, o. S.)*.

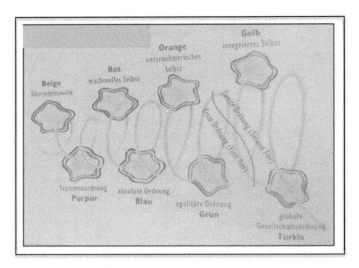

Abb. 5: Anordnung der W-Meme auf der Spirale, Quelle: *Beck/Cowan 2007, S. 62*

Auf den folgenden Seiten werden die einzelnen W-Meme detailliert untersucht. Die Anordnung erfolgt wie von Beck/Cowan dargestellt. Auch wenn die Hierarchie von allen Spiral-Dynamics-Forschern als nicht immer vertikal dargestellt wird *(vgl. Abb. 5)*, so ist dennoch immer von einer Weiterentwicklung die Rede. Ebenso werden Informationen der darunterliegenden W-Meme erwähnt, die in jedem neuen W-Mem vereint werden, was natürlich eine vertikale Anordnung erfordert.

3.2.1 Das beige W-Mem

Das beige W-Mem wird auch als das „überlebensorientierte W-Mem" *(Beck/Cowan 2007, S. 298)* bezeichnet, oder als die Lebensbedingungen 1 *(vgl. Graves 1974, S. 72-87)*. Die Grundsätze dieses W-Mems werden wie folgt beschrieben:
„Automatisch, autistisch reflexhaft; auf die Befriedigung menschlicher biologischer Bedürfnisse gerichtet; von tief liegenden Programmen im Gehirn, Instinkten und genetischen Codes angetrieben; geringes Bewusstsein von sich selbst als selbst-

ständiges Wesen (undifferenziert); lebt ähnlich wie Tiere von dem, was die Natur bietet; sehr geringer Einfluss oder gar Kontrolle über die Umwelt" *(Beck/Cowan 2007, Spiral, S. 298)*.

Interessant ist, dass Tom Andreas in seinen Schulungsunterlagen zu Spiral Dynamics diese Auflistung erweitert und zu jedem Mem eine Motivationsdefinition anführt, welche für das beige Mem mit „limbischen Reflexen" *(Andreas 2010, o. S.)* bezeichnet ist.

Ken Wilber bestätigt die Aussagen der oben zitierten Autoren und beschreibt dieses W-Mem folgendermaßen. Die Ebene des Überlebens in dem die Priorität bei Wasser, Wärme Sex und Sicherheit liegt, fordert Personen, Unternehmen oder Wirtschafträume dieses W-Mems auf, ihren Instinkt und die Gewohnheit der Umgebung zum Überleben zu nutzen. Ein Selbstwertgefühl gibt es nicht, um das Leben zu erhalten, bildet es Gruppen. Es ist vorwiegend bei Neugeborenen, hungernden Massen, Obdachlosen, senilen alternden Menschen oder auch jenen, die mit der Alzheimer Krankheit kämpfen, zu beobachten. Nach der Einschätzung von Ken Wilber sind ca. 0,1 % der erwachsenen Bevölkerung und 0% der Machtausübenden diesem W-Mem zuzuordnen. *(vgl. INTEGRALES FORUM e.V., 2008, in Bezug von Ken Wilber 2001)*.

3.2.2 Das purpurne W-Mem

Das purpurne W-Mem wird auch das „Clan-Meme" *(Beck/Cowan 2007, S. 308)* beschrieben. Eine weitere Bezeichnung ist Lebensbereich 2 *(vgl. Graves 1974, S. 72-87)*, da es auf den Grundlagen des Lebensbereichs 1 basiert. Die Grundsätze dieses W-Memes werden wie folgt beschrieben:

„Gehorche Wünschen mystischer Geisterwesen; ehre die Alten, die Bräuche und den Clan; erhalte heilige Plätze, Gegenstände und Rituale; gehe Bindungen mit anderen ein und erhalte sie aufrecht, damit euer Leben Bestand hat und ihr euch sicherfühlen könnt; du lebst in einem verzauberten, magischen Dorf; suche Harmonie mit den Mächten der Natur" *(Beck/Cowan 2007, Spiral, S. 307)*

Auch hier werden Motivationsfaktoren angeführt, welche im Ursprungswerk so nicht zu finden sind.

Rituale; Respekt vor Machtpersonen; angezogen von Sicherheit, Magie und Mystik; Traditionen und Gebräuche; Heim und Herd *(vgl. Andreas 2010, o. S.)*.

Auch bei diesem W-Mem finden wir eine Bestätigung der Grundsätze bei Ken Wilber, der diese allerdings sehr viel drastischer darstellt und der Meinung ist, dass in diesem W-Mem magische Geister das Geschehen bestimmen, Verwünschungen ausgesprochen werden und mit Zaubersprüchen das Geschehen bestimmt wird. Als interessant ist zu werten, dass er der Meinung ist, dass Verwandschaft und Abstammung die politschen Verbindungen bestimmen. Ken Wilber stellt dieses W-Mem sehr amikal dar. Während Tom Andreas von Ritualen und Respekt spricht, ist Wilber der Meinung, dass Voodoo-ähnliche Verfluchungen an der Tageordnung sind und es eine Sippenhaftung gibt, ebenso wie Blutschwüre und Familienrituale dieses W-Mem bestimmen. Dieses W-Mem dürfte vor allem in der dritten Welt, in Gangs, und in einer viel zivileren Form, in Sportmannschaften, zu finden sein. Diesem W-Mem spricht Wilber 10 % der Bevölkerung und 1% der Macht zu *(vgl. INTEGRALES FORUM e.V., 2008, in Bezug von Ken Wilber 2001).*

Die Angabe von Wilber, dass nur 1% der Macht diesem W-Mem zugerechnet werden kann, ist vermutlich auf die legalen Machtstrukturen der aktuellen Zeitperiode, welche durch Republiken dominiert wird, zuzuschreiben. Wenn man die Schattenwirtschaft oder auch die in dieser Zeitperiode illegalen Machtstrukturen, die in weiten Teilen der Welt vorhanden sind, und auch religiöse Führungen mit einbezieht, so wäre zu erforschen, ob dieser Prozentsatz nicht viel zu niedrig angesetzt ist, zumal auch diese Strukturen in ihren Regionen über den gesamten Globus soziale und wirtschaftliche Aufgaben erfüllen. Müssten diese von legalen Machtstrukturen bewerkstellig werden, würde dies vermutlich zu einem unübersehbaren wirtschaftlichen Risiko führen, weshalb diese vermutlich immer noch geduldet sind. Hier sind die Organisationsformen der Mafia, der Triaden oder auch die extremen Auswüchse der fundamentalistischen Koran-Lehre zu berücksichtigen. In weiterer Folge ist gerade bei diesen, eine Überscheidung zu dem roten und blauen W-Mem festzustellen.

3.2.3 Das rote W-Mem

Auch hier findet sich eine Subbezeichnung dieses W-Mems; das rote W-Mem wird auch das „egozentrische W-Mem" *(Beck/Cowan 2007, S. 327)* genannt und spiegelt den Lebensbereich 3 *(vgl. Graves 1974, S. 72-87)* wieder.

„In einer Welt von Wohlhabenden und Habenichtsen ist es gut, wohlhabend zu sein; vermeide Scham, verteidige den guten Ruf der Deinen, verschaffe Dir Respekt; folge Gefühlen und Impulsen unmittelbar; kämpfe ohne Reue und Schuldgefühle, um Zwänge abzuschütteln; kümmere dich nicht um Folgen, die möglicherweise ausbleiben" *(Beck/Cowan 2007, Spiral, S. 327)*. Als Motivationsfaktoren finden sich: Sofortige Belohnung/Prämie; von Macho-Image angezogen; sucht Herausforderungen und Heldentum; braucht Respektbekundungen; will eine gute Figur machen; will mehr Macht und Einfluss *(vgl. Andreas 2010, o. S.)* beschrieben.

Ken Wilber ist der Meinung, dass dieses W-Mem ein egozentrisches, heroisches, machtvolles, impulsives, magisch-mystisches ist, welches Geister, Drachen und wilde Tiere verehrt und Einzelkämpfer in seinen Bann zieht. Ebenso ist dieses W-Mem seiner Meinung nach die Grundlage feudaler Imperien, in denen feudale Herrscher Untergebene beschützen und als Ausgleich Gehorsam fordern. Individuen dieses W-Mems genießen das Selbst in vollen Zügen, ohne über das Morgen, die Konsequenzen oder Beeinträchtigungen ihres Tuns für andere nachzudenken. Bedauern oder Reue sind dem Individuum fremd. Zu finden ist dies in den Wutanfällen von Zweijährigen, rebellierenden Jugendlichen, feudalen Königreichen, James-Bond-Bösewichten, aber auch bei epischen Heroen und Anführern von Gangs. Diesem W-Mem werden 20 % der Bevölkerung und 5% der Macht zugeschrieben *(vgl. INTEGRALES FORUM e.V., 2008, in Bezug von Ken Wilber 2001)*.

Zu den Charakteristika des roten W-Mems wäre noch zu ergänzen, dass die Grundsätze dieses W-Mems vor allem in Personen des Vertriebs immer wieder zu finden sind. In diesem Zusammenhang ist eine der gängigen Aussagen zu sehen: „Oben ist, wo ich bin."

Ein weiterer Punkt, welchen wir in unserer Gesellschaft immer wieder finden, der nur immer seltener gebraucht wird und im Englischen mit *The Hero's Journey* bezeichnet wird, ist das, was wir im Deutschen „Gesellenjahre" nennen. Diese Möglichkeit von Jungen, meist Handwerkern, welche nach dem Abschluss des erlernten Berufes in die Welt ziehen, um ihre eigenen Erfahrungen zu machen und sich gegen etablierte Unternehmer durchzusetzen oder in anderen Unternehmen ihr Können zu vervollständigen, ist ein wesentliches Merkmal des roten W-Mems.

Hier schließt sich nun der Kreis zwischen den purpurnen, den roten und den blauen W-Memen.

Wenn man die Eigenschaften dieser drei W-Meme (Purpur, Rot und Blau) zusammenfasst, dann findet man fast alle grundlegenden Eigenschaften und Strukturen, auf denen die Schattenwirtschaft und religiös-fundamentale Organisationen beruhen.

3.2.4 Das blaue W-Mem

Das blaue W-Mem wird auch als „das Sinn betonende" *(Beck/Cowan 2007, S. 3-48)* W-Mem und zugleich als Lebensbereich 4 *(vgl. Graves 1974, S. 72-87)* bezeichnet. Die Grundsätze dieses W-Mems werden folgendermaßen dargestellt:

„Finde Sinn und Zweck im Leben; opfere jetzt Dein Selbst für ‚den Weg', um später dafür belohnt zu werden; gib allem Ordnung und Stabilität; setze die Prinzipien des rechtschaffenden Lebens durch; ein göttlicher Plan weist jedem seinen Platz zu" *(Beck/Cowan 2007, S. 348)*.

Als Motivationsfaktoren finden sich für dieses W-Mem „Pflicht, Land, Ehre, Gerechtigkeit; vorbereitet sein; Aufopferung und Disziplin; Belohnung im Leben nach dem Tod" *(Andreas 2010, o. S.)*.

Hier geht Ken Wilber einen eindeutig radikaleren Weg, indem er diesem W-Mem eine eindeutige Richtungen gibt, „richtig und falsch", Prinzipien odg., mythische od. mystisch? Ordnungen oder konformistische Regeln, die es uns ermöglichen, Richtung und Zweck unseres Denkens zu bestimmen. Damit eine Person oder ein Unternehmen das blaue W-Mem richtig anwenden kann, braucht es nach Ken Wilber

Verhaltensregeln, die einer gerechten Ordnung unterliegen. Ebenso erkennt Blau das unveränderliche Prinzip von richtig und falsch an. Werden solche Regeln und Prinzipien verletzt oder gebrochen, hat das schwerwiegende, ja ev. ewig andauerende Konsequenzen. Im Gegenzug hat die Befolgung dieser Regeln meist eine Belohnung zur Folge .

Ebenso wird die Systemtreue dieses W-Mems als rigide soziale Hierachie, als eine Grundlage der Nationen des Altertums, wo Recht, Ordnung und Kontrolle von Schuld und Impulsivität durch Gehorsam und fundamentalistische Glaubenswerte erreicht werden beschrieben.

Oft religiös oder mystisch, was den Vergleich zu der Darstellung von Claire W. Graves und Beck/Cowan nahelegt, welche diese als heilig/absolutistische Ebene bezeichnen. Ehre, Ritterlichkeit, das disziplinierte Singapur oder das puritanische Amerika ebenso wie das kunfuzianische China sind alles Werte, welche diesem W-Mem zuzuordnen sind. Aber ebenso fundamentalistische Glaubensrichtungen wie der Islam oder das Christentum tragen dieses W-Mem in ihren kognitiven Anschauungen. Die Zuordnung der Gesellschaft in unserer Zeit wird mit 40% der Bevölkerung und 30% der Macht angebeben *(vgl. INTEGRALES FORUM e.V., 2008, in Bezug von Ken Wilber 2001).*

Interessant ist, dass seine Aussage, Graves und Beck bezeichnen es als die heilig/absolutistische Ebene, im Ursprungswerk von Beck/Cowan so nicht zu finden ist, dies kann natürlich auch der Übersetzung zum Opfer gefallen sein.

Das blaue Mem findet sich auch in Managementetagen von Großkonzernen und vor allem in der Finanzwirtschaft wieder. Eine der wichtigsten Grundsätze ist das Versprechen in die Zukunft. Problematisch wird dieses immer dann, wenn MitarbeiterInnen der Meinung sind, dass dieses Versprechen nicht oder nicht zur Gänze erfüllt wird, wenn z. B. ein Karrieresprung nicht wie versprochen eintritt. In diesem Fall verliert der/die MitarbeiterIn den Glauben an das System, die Sicherheit und die Ordnung.

Stellen Sie sich nun vor, dass solch eine bereits bis zu einem gewissen Grad demotivierte Person, die immer noch im blauen W-Mem zu Hause ist, auf eine Person trifft, welche sich gerade im orangen Stadium befindet *(vgl. Kapitel 3.2.5).*

Diese muss unweigerlich glauben, dass es mit den negativen Eigenschaften von Rot wieder zusammentrifft. Dieses hat die Person des blauen W–Mems schon kennengelernt, und dies war ein Grund, warum diese Person die Eigenschaften des roten W-Mems abgelehnt hat und sich zu blau entwickelt hat. Nachdem diese Person Orange aber nicht kennt, kann sie es auch nicht richtig zuordnen und lehnt diesen orangen Ansatz völlig ab, obwohl es eine Weiterentwicklung des Roten W-Mems um viele Faktoren von Blau ist.

3.2.5 Das orange W-Mem

Das orange W-Mem wird in der Literatur auch als das „strategische" (Beck/Cowan 2007, S. 371) W-Mem beschrieben und ist die Lebensbedingung 5 *(vgl. Graves 1974, S. 72-87)*.
„Strebe nach Autonomie und Unabhängigkeit; suche „das süße Leben" und materiellen Überfluss; schreite voran, indem du nach den besten Lösungen suchst; verbessere mittels Wissenschaft und Technik das Leben vieler; lerne durch Versuch und Irrtum" *(Beck/Cowan 2007, S. 371)*. Als Motivationsfaktoren finden sich für dieses W-Mem laut Tom Andreas „Erfolgsgelegenheiten; Fortschritt und Leistung; Wettbewerbsvorteil; größer und besser, neu und verbessert" *(vgl. Andreas 2010, o.S.)*.

Die Welt ist eine gut geölte, völlig rationale Maschine, deren natürliche Gesetze erlernt , gemeistert und für die eigenen Zwecke handhabbar gemacht werden können. Die Herden-Mentalität von Blau ist ausschlaggebend, dass sich Menschen und Unternehmen von Blau nach Orange entwickeln, um nach individueller Wahrheit und Bedeutung zu streben *(vgl. INTEGRALES FORUM e.V., 2008, in Bezug von Ken Wilber 2001)*.

Heute im Jahre 2012 sind sehr viele Menschen von dem orangen W-Mem fasziniert. Bei aller Wertschätzung dieses W-Mems, die auch gerechtfertigt ist, sind aber auch die negativen Auswirkungen zu erkennen. Durch die immer fortschreitende Erneuerung und dem Streben nach mehr wird der menschliche Organismus bis an seine Grenzen belastet. Die Folgen sind psychosomatische Erkrankungen wie zum

Beispiel „Burnout", eine Erkrankung, die die Person aus diesem Drang nach Erfolg und permanenter Weiterentwicklung auf eine sehr schmerzhafte Art und Weise herausreißt. Die derzeit einzige Methode, diese Erkrankungen zu mildern oder sie zu heilen, ist auf eine unbestimmte Zeit nicht an der persönlichen erfolgsorientierten Weiterentwicklung, die Orange zugrunde liegt, teilzunehmen und die Arbeit und den Erfolgsprozess zu unterbrechen

3.2.6 Das grüne W-Mem

Das grüne W-Mem wird in der Literatur auch als das „relativistische" (Beck/Cowan 2007, S. 397) W-Mem bezeichnet oder als die Lebensbedingung 6 *(vgl. Graves 1974, S. 72-87)*:
„Erforsche dein inneres Wesen und das anderer; fördere Gemeinschaft- und Zusammengehörigkeitsgefühle; teile Ressourcen der Gesellschaft mit allen; befreie die Menschen von Gier und Dogmen; treffe Entscheidungen durch Konsens; erneuere die Spiritualität und schaffe Harmonie" *(Beck/Cowan 2007, S. 397)*.

Als Motivationsfaktoren sind für dieses W-Mem angeführt: Nähe und Liebe; Menschenrechte und Würde für alle; mehr Teilnahme; Gleichheit/Gleichberechtigung und Befreiung der Unterdrückung *(vgl. Andreas 2010, o.S.)*.

Leicht unterschiedlich stellt der Spiral-Dynamics-Forscher Ken Wilber dieses W-Mem dar: Seiner Meinung nach richtet sich dieses W-Mem gegen Hierachien. Ob damit auch die Bedürfnishierachie von Maslow gemeint ist, konnte nicht erhoben werden. Nachdem das grüne W-Mem eine Erweiterung des blauen W-Mems ist und dort das Hierachie-Denken die tragende Einstellung ist, ist es nicht verwunderlich, dass sich in einer Weiterentwicklung negative Eigenschaften ins Gegenteil umkehren. Weitere Merkmale sind nach Meinung Wilbers eine Wertegemeinschaft als Basis, die Bereitschaft zum Dialog, eine Zusammengehörigkeit auf der Basis gemeinsamer Neigungen und erstmals auch die Vernetzung von Gruppen *(vgl. INTEGRALES FORUM e.V., 2008, in Bezug von Ken Wilber 2001)*.

Wie hier von Wilber dargestellt, sieht man bereits die Schwäche dieses W-Mems. Eine freie Wählbarkeit von Zugehörigkeit nach Neigungen zuzulassen ist konträr zu allen Grundsätzen der vorangegangenen Meme. Diese nennen als Neigungen, zu denen sich alle eines Mems bekennen, Clan, Leistung, Sicherheit etc. Wenn also eine Person sich mit den Grundneigungen nicht identifizieren kann, wird diese das jeweilige Mem verlassen und zum nächsten aufbrechen. Dieses Mem hält auch dann noch am Gruppengefüge fest, wenn das einzelne Individuum bereits seine Einstellung ändert. Wie das in der Praxis funktionieren soll, wird von Wilber mit der Bereitschaft zum Konsens in der Phase der Entscheidungsfindung beschrieben. Weiters ist Wilber der Meinung, dass dieses W-Mem sozialen Konstruktionen Vielheit und Verschiedenheit verleiht. Neben gefühlsmässiger Wärme, Sensitivität oder auch Fürsorge für die Erde und ihre Bewohner engagieren sich Menschen dieses W-Mems für Organisationen wie Greenpeace, der Kirche, den Tierschutz, legen Wert auf politische Korrektheit, Menschenrechtsfragen oder auch auf das kanadische Gesundheitssystem, welches dem österreichischen nicht unähnlich ist. Wilber schätzt, dass dem 10% der Bevölkerung und 15% der Macht zugeordnet sind. Hier ist ein deutlicher Unterschied zu Don Beck zu erkennen, welcher behauptet, dass 20-25% der amerikanischen Bevölkerung grün ist *(vgl. INTEGRALES FORUM e.V., 2008, in Bezug von Ken Wilber 2001).*

Das grüne W-Mem ist eines der jüngsten in seiner Entstehung. Es sieht auf den ersten Blick so aus, als wäre es die Lösung aller Probleme durch die bewusste Wahrnehmung aller Umwelteinflüsse sowie die soziale Verantwortung für jeden. Das große Problem, das Personen und Organisationen haben, welche diesem W-Mem zugetan sind, ist die Finanzierbarkeit. Alle Bewegungen, die durch dieses W-Mem angetrieben sind, wie zum Beispiel die „Grüne Bewegung, die „Anti-Atom-Bewegung" etc., stoßen sehr bald an die Grenzen der Finanzierbarkeit ihrer Anliegen und Erweiterungswünsche.

3.2.7 Die zweite „Second Tier"-Ebene

Der Betrachter fragt sich, warum gerade an dieser Stelle nach dem grünen W-Mem ein Übergang gemacht wird, der offensichtlich nicht den vorangegangen gleicht. Cowan und Beck beschreiben den Übergang in die zweite Ordnung (second tier) als einen bedeutenden Sprung der Menschheit. Also einen weit größeren Sprung als die Übergänge zu den bisherigen W-Memen der ersten Ordnung.

Claire W. Graves erklärt zum Übergang in die zweite Ordnung. Das Grüne W-Mem muss zusammenbrechen, um die Energie für den Sprung in das Gelbe Stadium, die erste Ebene des Seins, freizumachen. An diesem Punkt befindet sich die Avantgarde der Menschheit heute. *(vgl. Beck/Cowan 2007, S. 421)*

Das menschliche Bewusstsein ist mit dem Erreichen der zweiten Tier-Ebene (zweites Rang-Denken) bereit für einen Quantensprung. Die Fähigkeit, vertikal und horizontal zu denken, ist eine der markantesten Eigenschaften des Individuums der zweiten Tier-Ebene.

Erstmal ist der Mensch, aber auch Unternehmen, die diesem W-Mem zugetan sind, in der Lage zu erkennen, dass alle vorhergegangenen W-Meme positive Eigenschaften besitzen, die es Wert sind, übernommen zu werden. Vernetztes Denken wird eingesetzt, um globale Probleme zu lösen. Es wird erkannt, dass alle Eigenschaften der darunterliegenden W-Meme wichtig für die Gesundheit der gesamten Spirale sind *(vgl. INTEGRALES FORUM e.V., 2008, in Bezug von Ken Wilber 2001)*.

Die in der empirischen Auswertung *(vgl. Kapitel 4.2.9)* anschaulich dargestellte unerwartet hohe Akzeptanz zu den Motivatoren der zweiten Ebene mag ihren Grund in den Ereignissen und den Krisen des auslaufenden 20. und dem Beginn des 21. Jahrhunderts haben. Die Ausmaße, die diese Krisen haben und hatten, lehren uns gerade, dass diese für ein einzelnes W-Mem der ersten Ordnung nicht mehr handhabbar sind. Viele Krisen, z. B. ökologische wie Deepwater Horizon[1], politische

---

[1] Am 20 April 2010 explodierte im Golf von Mexiko die Bohrinsel „Deepwater Horizon. Im Verlauf dieser Katastrophe flossen 4,9 Mio Barrel Schweröl in den Golf von Mexiko. Dies wird als die schlimmste ökologische Katastrophe seit Menschengedenken bezeichnet.

wie der Arabische Frühling[2], ökonomische wie Suprime Crisis[3] oder die Krisen des Gesundheitssystems erreichen ein Ausmaß, dem wir nur Lösungsszenarien der Vergangenheit, welche unter dem Einfluss einzelner W-Meme entwickelt wurden, entgegenstellen können. Diese allerdings sind für solche global vernetzte Krisen völlig ungeeignet. Diese Krisen, auch wenn sie teilweise weit entfernt sind, haben natürlich einen Einfluss auf die Denkweise jedes Einzelnen, welche wiederum zu einer W-Meme-Entwicklung/-Veränderung führen können und sich auch zeigen. Diese Veränderungen in den Motivationsfaktoren und Denkstrukturen können von Führungskräften nicht oder nur sehr schwer identifiziert werden. Ohne Hilfsmittel wie z. B. *Spiral Dynamics* oder auch andere Management-Tools, welche die Denkstrukturen als Ansatz verfolgen, sind diese allerdings überhaupt nicht zu erkennen.

Angesichts der Globalität der derzeitigen oben angeführten Krisen ist es bemerkenswert, dass diese Systematiken offensichtlich durchaus bekannt waren, wie in den Ausführungen zur zweiten Tier-Ebene zu erkennen ist, und wie es von Don Beck und Christopher Cowan bereits weit vor dem Eintreten dieser globalen Krisen publiziert wurde *(vgl. Beck/Cowan 2007, S. 13-15.)*.

3.2.8 Das gelbe W-Mem

Diese wird auch als das „Systemische Mem" *(Beck/Cowan 2007, S. 422)* bezeichnet oder als die Lebensbedingung 7 *(vgl. Graves 1974, S. 72-87). Und wird mit den Worten beschrieben:*
„Akzeptiere die Unausweichlichkeit der Strömungen und Formen der Natur; konzentriere dich auf Funktionalität, Kompetenz, Flexibilität und Spontanität; finde die natürliche Mischung konfligierender Wahrheiten und Unsicherheiten; entdecke persönliche Freiheit, ohne andere zu schädigen oder das Eigeninteresse zu

---

[2] Im Jahre 2011 kam es in verschiedenen arabischen Ländern auf dem afrikanischen Kontinent zu Revolutionen gegen die despotischen Machthaber (Libyen, Syrien, Ägypten, Jemen). Allesamt konnten mit den Werkzeugen der Vergangenheit (Gewalt) diese Revolten nicht niederschlagen.

[3] Die 2008 in den USA begonnene „Suprime Crisis" griff auf das gesamte Weltfinanzsystem über. Die meisten Staaten retteten das Bankensystem mit unglaublichen Kreditunterstützungen, für die diese die Haftungen übernahmen. In der Folge kam es in Europa zu einer Finanzkrise der Staaten die bereits davor ihren Haushalt nicht an die Kriterien der Masstricht-Verträge angepasst hatten bzw. diese wissentlich manipulierten.

übertreiben; erfahre die Fülle des Lebens auf einer Erde, die von solcher Vielfalt geprägt ist, in unterschiedlichen Dimensionen; verlange nach integrativen offenen Systemen." *(Beck/Cowan 2007, S. 422)*

Als Motivationsfaktoren sind für dieses W-Mem angeführt: Freiheit nach eigener Wahl zu leben; Selbstwert und Kompetenz; Überblick; Zugang zu Systemen und Informationen *(vgl. Andreas 2010, o. S.)*.

In dem wesentlich akademischeren Ansatz von Ken Wilber haben in diesem W-Mem Spontanität und Flexibität höchste Priorität. Natürliche Hierachien bestimmen das Leben. Leider bleibt Ken Wilber die Erklärung schuldig, was er als „natürlich" in einer Hierachie versteht und wie diese entsteht. Alles ist voneinander abhängig, Wissen von Kompetenz, Macht und Status von Gruppensensitivität, und es wird alles in natürlichen Strömen miteinander verwoben. Nicht eine Ebene oder eine Gruppierung bestimmen das Weltbild, es ist eine Zusammensetzung aus vielen Ebenen, welche in *Spiral Dynamics* W-Mem genannt werden, und sie alle stehen in einem Verhältnis zueinander und vernetzten sich mit ihren Eigenschaften zu einem globalem Ganzen.

Ken Wilber und Beck/Cowan sind der Ansicht, dass 1% der Bevölkerung und 5% der Macht diesem W-Mem zuzurechnen sind *(vgl. INTEGRALES FORUM e.V., 2008, in Bezug von Ken Wilber 2001)*.

3.2.9 Das türkise W-Mem

Diese wird auch als das „Holistische Meme" *(Beck/Cowan 2007, S. 441)* bezeichnet oder als die „Lebensbedingung 8" *(vgl. Graves 1974, S. 72-87)*: „Ein starkes Kollektiv aus Individuen zusammenstellen und in Einklang bringen; der Fokus liegt auf allen lebendigen Einheiten, die als integrierte Systeme wahrgenommen werden; erweiterter Gebrauch der Werkzeuge und Fähigkeiten des menschlichen Gehirns/Geistes; das Selbst ist Teil eines größeren, bewussten, spirituellen Ganzen, das auch dem Selbst dient; globale (und die gesamte Spirale einbeziehende) Arbeit in Netzwerken wird als Routine angesehen; handelt für eine minimalistische Lebensführung, sodass weniger tatsächlich mehr ist" *(Beck/Cowan 2007, S. 441)*. Als Motivationsfaktoren sind für dieses W-Mem angeführt: Vereinigung von Rassen und Nationen für globale Lösungen; multi-dimensionales Denken; Erhalt des Lebens auf der Erde *(vgl. Andreas 2010, o. S.).*

Abermals gibt es eine Übereinstimmung der Ansichten der beiden Spiral-Dynamics-Gründer Beck/Cowan und Ken Wilbers, die dieses W-Mem sehr ähnlich sehen. Nicht mehr Menschen vernetzen sich miteinander, es sind Informationen, die in einem Netzwerk zählen. Wer diese zur Verfügung stellt, ist unerheblich, jeder macht dies kostenlos und jeder kann auf diese vernetzten Informationen zugreifen. Profit entsteht nur, wenn sich jemand der Information bedient und daraus eine Entwicklung ableitet, mit der Profit gemacht wird. Holistisch, von integrativer Energie, der Vereinigung des Fühlens und des Wissens auf multiplen Ebenen wird dieses W-Mem getragen. Keine störenden Regulative von außen, wie im blauen W-Mem, keine Gruppenbildung, wie im grünen W-Mem.

Die große Vereinigung und vor allem die ganzheitliche Theorie von allem bestimmen das Zusammenleben und die Wunschvorstellung in diesem W-Mem. Türkises Denken verwendet die gesamte Spirale und alle Kräfte, die in ihr liegen. Sie sieht verschiedene Ebenen in der Interaktion, erkennt Resonanzen und mystische Kräfte und das alles erfüllenden Fließen, das jede Organisation durchdringt.

Derzeit gehen die Schätzungen in die Richtung, dass 0,1% der Bevölkerung und 1% der Macht diesem W-Mem zugetan sind *(vgl. INTEGRALES FORUM e.V., 2008, in Bezug von Ken Wilber 2001).*

Ken Wilbers äussert auch geringe Vorbehalte zu dem Modell Spiral Dynamics beruhend darauf, dass es weder Bewusstseinszustände noch die höheren, transpersonalen Strukturen des Bewusstseins umfasst, und es ist ein Beispiel für ein Phase-2-Modell oder auch ein Phase-3-Modell. Das heißt, es gibt nicht genug Sensibilität für die empirisch bewiesene Tatsache, dass verschiedene Entwicklungslinien im selben Moment auf verschiedenen Ebenen sein können. Nicht nur, dass ein Mensch ein rotes W-Mem in einer Situation und ein orangefarbenes in einer anderen verwenden kann, was sich wiederum mit der Theorie von Voom deckt, welcher in seiner V.I.E Theorie von situativer Motivation spricht *(vgl. Kapitel 2.3)*, sondern dass ein Mensch in derselben Situation kognitiv orange und moralisch rot sein kann.

Schließlich unterscheidet Spiral Dynamics nicht hinreichend zwischen Dauerndem und Vorübergehenden. Wilber ist der der Meinung, dass Aufgrund der persönlichen Gespräche mit Don Beck, dieser für alle diese Überlegungen offen ist. Beck geht auch dazu über, die vier Quadranten (ein von Ken Wilber entwickeltes Modell) in das Modell der Spiral Dynamics einzubeziehen *(vgl. INTEGRALES FORUM e.V., 2008, in Bezug von Ken Wilber 2001)*.

3.2.10 Zusammenfassung

Zusammenfassend ist zu erkennen, dass das Modell Spiral Dynamics, welches von Beck/Cowan auf den Grundlagen von Claire W. Graves entworfen wurde, von Tom Andreas und Ken Wilber in großen Teilen bestätigt wird.

Dieses Modell nimmt auf der kognitiven Ebene eine Einteilung des Motivationszustandes nach Wünschen und Zielen, die den Grundlagen der Motivationstheorien vorausgehen, vor. Diese Grundlagen werden in der Literatur als Motivatoren, Hygienefaktoren oder Bedürfnisse bezeichnet, welche auch situationsbedingt unterschiedlich genutzt werden können *(vgl. Kapitel 2)*. Im Modell Spiral Dynamics sind diese Grundlagen der Motivationstheorien in W-Memen abgebildet. Durch die W-Meme eröffnet sich die Möglichkeit, den Motivationszustand eines Individuums, eines Unternehmens oder eines Wirtschaftsraumes zu kategorisieren und gezielte Maßnahmen zu entwickeln, um Demotivationen zu vermindern, die Motivation zu steigern, Bedürfnisse zu befriedigen und situative Handlungsweisen zu charakterisieren.

4. Empirische Auswertung

Ziel der Befragung ist es zu erheben, ob sich die Wertigkeit, von gleichen Motivationsfaktoren bei MitarbeiterInnen und Führungskräften in einem Zeitraum von 15 Jahren verändert.

Nach dieser Definition ist es essenziell, dass die Motivationsfaktoren, welche in der Befragung dargestellt werden, für möglichst viele der Befragten auch eine Relevanz haben. In weiterer Folge soll auch die Möglichkeit aufgezeigt werden, ob mit geeigneten Werkzeugen, in unserem Fall Spiral Dynamics, diese erkennbar gemachen werden können. Somit wurden auch die Spiralen-Motivatoren der einzelnen W-Meme *(vgl. Andreas 2010, o. S.)* in die Befragung mit einbezogen.

In der Online-Ausgabe der Tageszeitung „Der Standard" ist eine Aufstellung der Wertigkeiten von Motivationsfaktoren im Vertrieb zu finden *(vgl. Abb. 6)*. Nach Ansicht des Autors dieser Arbeit sind diese Motivationsfaktoren ein repräsentativer Querschnitt aller Beschäftigten, und deshalb wurde auf der Basis der wichtigsten, das sind jene, die die höchsten Bewertungen in der Standard-Umfrage erreichen, ein Fragebogen erstellt. Lediglich die in der Darstellung angeführten Motivatoren „Kundenkontakt", „direkte Rückmeldungen" und „Image des Unternehmens" wurden nicht abgefragt, da diese für Führungskräfte eine Voraussetzung sind bzw. Führungskräfte zu einem großen Teil das Image einer Firma darstellen und mitgestalten.

Im ersten Teil des Fragebogens zu den Motivationskriterien wurde der Einfluss auf den Teilnehmer in seiner aktuellen Lebenssituation, seinem derzeitigen Alter und Position (Führungskraft oder MitarbeiterIn) abgefragt.

Im zweiten Teil des Fragebogens sollten sich die TeilnehmerInnen um eine Zeitspanne von 15 Jahren verjüngen und dieselben Kriterien erneut beantworten. Durch diese Transformation soll erhoben werden, ob eine Veränderung der Motivationskriterien und der darin enthaltenen Motivationsfaktoren gegeben ist und ob die Teilnehmer diese auch in Form ihrer eigenen Realisierung darstellen können.

Nach einer Test-Befragung der Studierenden der FH Wien MBA, Lehrgang 2012, wurde der Fragebogen an die beiden größten Firmen der Branchen Facility

Management ‚Hausbetreuung Attensam GMBH und Simacek Facility Services, welche gesamt je 40 Fragebogen an MitarbeiterInnen und Führungskräfte verteilten, überreicht. Die Aufteilung erfolgte im Verhältnis 30:10 an Führungskräfte bzw. MitarbeiterInnen. Dieses Aufteilungsverhältnis entspricht den Arbeitsstrukturen in dieser Branche, da vorwiegend kleinere Teams von 2-3 Personen im Einsatz sind. Diese Teams besitzen zumeist einen Vorarbeiter im operativen Bereich oder/und einen Gruppenleiter in der Administrative. Diese VorarbeiterInnen und Gruppen-leiterInnen haben bereits Mitarbeiterverantwortung.

Die nächste hierarchische Stufe sind GebietsleiterInnen oder AbteilungsleiterInnen, welche wiederum der ersten Managementebene, den BereichsleiterInnen, unterstellt sind. Diese Bereichsleiter-Innen wiederum sind dem Management direkt unterstellt. Somit ist es in dieser Branche üblich, sehr rasch mit Führungsverantwortung ausgestattet zu sein. Diese Tatsache wurde im Verteilungsschlüssel wie oben beschrieben berücksichtigt. Es wurde keine Unterscheidung von hierarchischer und funktionaler Führung gemacht, da in dieser Branche die Führung ein wesentlicher Faktor bei der Ausübung des Berufes ist. Viele der Befragten würden diesen, man kann durchaus sagen: nicht sehr attraktiven Job nicht machen, wenn sie dieses Statussymbol der Führungs-fähigkeit nicht hätten. Es wurde mit einem Rücklauf von fast 90% gerechnet, der effektive Rücklauf bei diesen beiden Firmen betrug 39 von 60 Fragebögen bei den Führungskräften, wobei 4 Fragebögen als ungültig zu klassifizieren waren.

Abb. 6: der Standard (2011) www.derstandard.at/1204553031756/spezial-marken--

vertrieb-top-motivatoren-im-vertrieb (10.06.2011)

Bei den MitarbeiterInnen wurden 16 von 20 Fragebogen returniert, wobei nur zwei als ungültig klassifiziert wurden. Der zweiten Branche Eventmanagement wurde die Fragebögen über das Social Media Network www.Xing.com zugesandt. Hier wurden die persönlichen Kontakte des Autors genutzt, um 45 Führungskräfte von Event-marketing-Firmen persönlich zu kontaktieren. Dabei wurden 14 Fragebögen re-turniert, alle waren entsprechend der Anforderungen gültig ausgefüllt. Die Aufteilung in Führungskraft und MitarbeiterInnen erfolgte durch die kontaktierten Personen selber und wurde nicht im Vorfeld erhoben. Weitere 100 Fragebögen wurden via WKO (Österreichische Wirtschaftskammer) an die Mitgliedsbetriebe der Sparte

Freizeitwirtschaft versendet. Voraussetzung war, dass die E-Mail-Adressen der Mitglieder bei der WKO hinterlegt waren.

Nachdem nur Selbstständige als Mit-gliedsbetriebe bei der WKO registriert sind, wurden nur Führungskräfte ange-sprochen, welche in einem selbstständigen Arbeitsverhältnis stehen. Die drei Mit-arbeiterInnen, welche in der Auswertung angeführt sind, sind jene MitarbeiterInnen, welche direkt in der Sektion Freizeitbetriebe der WKO beschäftigt sind. Aus dieser Gruppe wurden 30 Fragebögen returniert, von denen 5 als ungültig verifiziert wurden.

| | Ausgegebene Fragebögen | | | Fragebogen Retour | | | | | |
	Führungs-kräfte	Mitarbeiter	Gesamt	Führungs-kräfte gesamt	ungültig	Mitarbeiter gesamt	ungültig	gesamt	Gesamt Gültig
Attensam	30	10	40	20	3	9	2	29	24
Simacek	30	10	40	19	1	7	0	26	25
xing.com			45	11	0	3	0	14	14
WKO	100	0	100	27	5	3	0	30	25
gesamt	160	20	225	77	9	22	2	99	88

Tabelle 1: Statistik der empirischen Auswertung aller Fragebögen

Der Fragebogen wurde für die Betriebssysteme MS Windows und Mac OS gesondert erstellt und in beiden Versionen an alle Empfänger per E-Mail versendet. Es handelt sich also um eine E-Mail-Befragung und nicht um eine Web Survey. Das Formular war derart gestaltet, dass es elektronisch bearbeitbar war und nach erfolgter Bearbeitung durch die TeilnehmerInnen wieder per Mail an den Autor zurück ge-sendet werden konnte. Ebenso konnte der Fragebogen als Printversion manuell bearbeitet werden und anschließend auf postalischem Weg dem Autor zugesandt werden, *(vgl. Schnell/Hill/Esser 2008, S. 377)*. Dieser Variante wurde allerdings nur von einem Teilnehmer genutzt.

4.1 Allgemeine Vorgehensweise

Zuerst wurden die relevanten Parameter wie Alter, Führungsverantwortung und Verwendung von Management-Tests für die Einstufung oder Führung von Mit-arbeiterInnen abgefragt, um eine Unterscheidung der folgenden Motivationsfaktoren besser darstellen zu können. Auf eine Gendering wurde verzichtet, da dieses nicht relevant erschien.

Mit der Erhebung wurden zwei Gesichtspunkte verfolgt. Zum Ersten: Welche der angeführten Motivationsfaktoren motivieren die TeilnehmerInnen der Befragung stärker und welche weniger? Die Skala wurde mit dem Schulnotensystem vor-gegeben, wobei die 1 = „Motiviert mich am meisten" und die jeweils höchste Ziffer, abhängig von der Anzahl der abgefragten Motivationsfaktoren, jene ist, die mich am wenigsten motiviert. D. h. bei sechs angegebenen Motivationsfaktoren wäre die Ziffer 6 = „motiviert mich am wenigsten". Anzumerken wäre, dass diese Vorgabe der Benotung für das Gefühl der befragten Personen sehr gut geeignet ist, da die Ziffer 1 für sehr viele Menschen einen Wichtigkeitsbezug im positiven Sinne hat.

Dies wurde in einem Testfragebogen unter 10 Studierenden der FH Wien erhoben. Allerdings gestaltet dies die Auswertung schwieriger, da die Gewichtung umgekehrt erfasst werden muss. D. h. wenn bei einer Frage vier Antworten zur Verfügung gestellt wurden, dann konnte die befragte Person den für sie wichtigsten Punkt mit der Note 1 und den für sie unwichtigsten mit der Note 4 versehen, für die Gewichtung musste allerdings diese Bewertung umgekehrt werden, da sich analoge Gewichtungen über die Höhe einer Ziffer definieren.

Nach diesem Schema wurden nun die Fragen zu jedem der insgesamt 4 Motivationskriterien gestaltet. Die TeilnehmerInnen wurden aufgefordert, jede Ziffer ihrer Bewertung nur einmal pro Frage zu vergeben und somit keinerlei Doppel-nennungen vorzunehmen.

Als Erstes wurden alle Faktoren in vier Motivationskriterien unterteilt. Diese sind...

- monetäre Faktoren
- soziale Faktoren
- berufliche Weiteentwicklung
- Vielfallt der Arbeit

Zu jedem dieser Kriterien wurden nun die Motivationsfaktoren, welche wir in der Veröffentlichung in der Standard (vgl. Abb. 6) vorgefunden haben, zugeteilt.
Nachdem bei einigen Motivationsfaktoren die Hauptkriterien nicht eindeutig und diese auch zu mehreren Kriterien zuzuordnen gewesen wären, musste auf eine Ausgewogenheit der Anzahl an Faktoren je Kriterium geachtet werden. Dies kann für den Betrachter den Eindruck entstehen lassen, dass der eine oder andere Motivationsfaktor bei einem anderen Kriterium besser aufgehoben scheint. Hier wurde der Wichtigkeit der Ausgewogenheit und der Verwendung möglichst vieler Faktoren der Vorzug gegeben.

Um zu dokumentieren, wie die Fluchtration in der Arbeitswelt derzeit ist, hat sich der Autor entschieden, eine Zusatzfrage zu stellen, mit der überprüft wurde, wie viele der befragten Personen in den beiden Bewertungszeiträumen, aktuell und vor 15 Jahren, derselben Tätigkeit nachgegangen sind. Das Ergebnis war wenig überraschend.

Die letzte Frage bezog sich auf die Motivationsfaktoren der einzelnen W-Meme von Spiral Dynamics, welche von Tom Andreas (vgl. Andreas 2010, o. S) aufgelistet wurden. Hier wurde ein weiteres Unterscheidungsmerkmal eingezogen, welches es dem Befragten erlaubte, eine oder mehrere Spiral-Motivatoren gänzlich auszuschließen. Indem er oder sie die Ziffer 0 vergeben, teilte der/die Befragte mit, dass diese Motivatoren für ihn/sie keinerlei Relevanz besitzen. Die verbleibenden Motivatoren, welche den einzelnen W-Memen zugeordnet werden können, wurden wieder nach dem Schulnotensystem „1 = motiviert mich am meisten" und die höchste verbliebene Ziffer z. B. „6= motiviert mich am wenigsten" bewertet. Festgehalten wird, dass diese einfache Methode nicht als Ersatz eines Spiral Dynamics Einstufungstestes (vgl. Anhang 1) Gültigkeit hat. Aus dem Ergebnis lässt sich nicht der derzeitige Bewusstseinsstatus der befragten Personen erheben und auch nicht ein Rückschluss auf die Bevölkerung des in dieser Arbeit betrachteten Wirtschaftsraumes machen. Es ist lediglich eine vereinfachte Methode, um die TeilnehmerInnen der Studie den W-Memen zuzuordnen. Jedoch ist es eine Möglichkeit, die Angaben der Spiral-Dynamics-Erfinder Beck/Cowan und die fast gleichlautenden Angaben von Ken Wilber, wie viele Personen einer W-Mem zuzuordnen sind bzw. wie viel Prozent der derzeitigen Machtstrukturen (Führungskräfte) sich in einem bestimmten Wirtschaftraum in einer W-Mem vereinigen sind, nachzuvollziehen.

4.2 Darstellung der Ergebnisse der Analyse (empirisch)

Im Folgenden werden die Ergebnisse der in Kapitel 4.1 beschriebenen Befragung näher analysiert und graphisch dargestellt. Die allgemeinen Fragen wie Alter, Führungskraft vs. MitarbeiterIn, Verwendung von Management-Tests oder Wechsel der Arbeit werden Mittels Torten- oder Balkendiagrammen dargestellt und, obwohl selbsterklärend, vom Autor interpretiert. Die Fragen zu den Motivationskriterien und den einzelnen Motivationsfaktoren werden in Tortendiagrammen getrennt für Führungskräfte und MitarbeiterInnen dargestellt, jeweils ein Diagramm für die Bewertung im aktuellen Lebensabschnitt und eines für den Lebensabschnitt vor 15 Jahren. Anschließend werden die Veränderungen der Motivationskriterien und der darin enthaltenen Motivationsfaktoren zwischen den beiden Lebensabschnitten in Balkendiagrammen dargestellt. Die Interpretation erfolgt zum einen getrennt nach den Lebensabschnitten für Führungskräfte und MitarbeiterInnen und zum anderen als Definition der Veränderung.

4.2.1 Allgemeine Angabe zu den befragten Personen

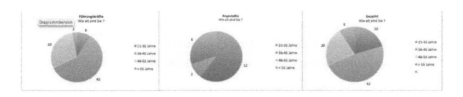

Abb. 7: Altersstruktur der befragten Personen Quelle: eigene Darstellung

Die Altersstruktur der befragten Personen ergibt bei Führungskräften eine sehr große Anzahl an Personen. welche in der Altersgruppe 36-45 Jahre liegen. Bei den MitarbeiterInnen ist die größte Gruppe der Altersklasse 21-35 zuzuordnen. Auffallend ist hier lediglich, dass Führungskräfte in fast allen Altersgruppen zu finden sind, MitarbeiterInnen allerdings nicht in der Altersgruppe 46-55 Jahre.

4.2.2 Verwendung von Management-Tests

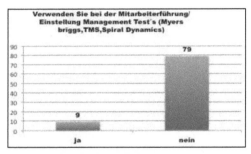

Abb. 8: Verwendung von Management Tests wie z. B. Spiral Dynamics
Quelle: eigene Darstellung

Ein eindeutiges Ergebnis brachte die Frage nach der Verwendung von Management-Tests in der Mitarbeiterführung bzw. im Mitarbeiter-Recruting. Obwohl 68 von 88 befragten Personen Führungsverantwortung haben, verwenden nur 9 Personen einen Management-Test zur Einstufung oder zur Analyse ihrer MitarbeiterInnen. Dieses Ergebnis zeigt, dass die Möglichkeiten solcher Tests in den betrachteten Branchen extrem unterentwickelt sind. Dies kann natürlich zu einem Teil mit der Kleingruppenstruktur im Facility-Management-Bereich zu tun haben, da der persönliche Kontakt der Führungskraft in einer Kleingruppe sehr viel stärker als in einem größeren Team bewertet wird. Zum anderen würde aber gerade in solchen kleinen Teams die Verwendung von Management-Test helfen, größere Effizienz in der Gruppenzusammenstellung zu erreichen. Die Gruppenzusammenstellung könnte genauer abgestimmt werden, und die Rochaden, welche fast wöchentlich in diesen

Teams existieren, könnten minimiert werden. Aber auch in der zweiten betrachteten Branche, dem Eventmanagement, ist die Situation gleichlautend. Gerade hier, wo sehr schnelle Wege benötigt werden und die Entscheidungsfindung gerade in Krisensituationen nur dann funktioniert, wenn alle Teammitglieder die Fähigkeit haben, sich gegenseitig mit ihrer Kompetenz zu unterstützen, wäre eine Verwendung dieser Methode sicher ein hilfreiches Werkzeug. In diesem Zusammenhang sei dem Autor die Anmerkung gestattet, dass in den Ausbildungen, der Seminaranbieter und der Fachhochschulen, diese Werkzeuge nicht oder nur am Rande beachtet werden.

4.2.3 Darstellung der Ergebnisse zur Befragung der Motivationskriterien

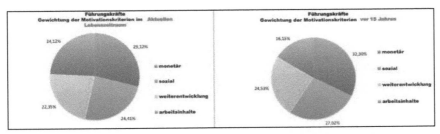

Abb. 9: Darstellung der Wertigkeit der Motivationskriterien aktuell und vor 15 Jahren bei Führungskräften *Quelle: eigene Darstellung*

Bei Führungskräften wird das Kriterium monetär als das wichtigste dargestellt. Umgelegt auf die Theorien von Maslow und Herzberg *(vgl. Kapitel 2.1 und 2.2)* ist somit der monetären Zufriedenheit das meiste Augenmerk zu schenken, da sich eine Unzufriedenheit in diesem Bereich als größter Demotivationsfaktor bemerkbar machen würde. Die Kriterien „Soziales" und „Weiterbildung" sind vom Gesamt-volumen auf Rang zwei und drei in der Umfrage bewertet. Bei den Arbeitsinhalten gibt es die größte Differenz in den Beobachtungszeiträumen. Darauf und auf die Folgen und Risiken werden wir bei der Gegenüberstellung noch genauer eingehen.

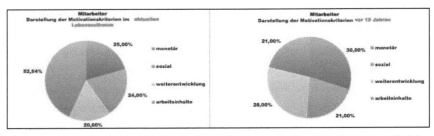

Abb. 10: Darstellung der Wertigkeit der Motivationskriterien aktuell und vor 15 Jahren bei MitarbeiterInnen Quelle: eigene Darstellung

Auch bei den MitarbeiterInnen steht die monetäre Zufriedenheit an erster Stelle. Soziales und Weiterbildung werden bei Angestellten ebenso wie bei Führungskräften nach den monetären Motivatoren als am wichtigsten empfunden. Eine noch viel deutliche Veränderung als bei den Führungskräften ist in den Arbeitsinhalten zu erkennen. Hier kann man von einem Paradigmenwechsel sprechen, wie noch bei der Gegenüberstellung der Zeiträume näher erklärt wird.

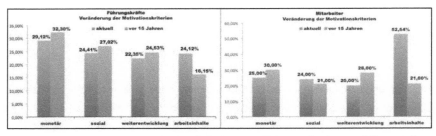

Abb. 11: Veränderung der Motivationskriterien von Führungskräften und Angestellten gegenüber gestellt Quelle: eigene Darstellung

Bei den Führungskräften und Angestellten ist im monetären Bereich eine geringe bis leichte Abweichung von 3,18% (Führungskräfte) und 5% (MitarbeiterInnen) im Zeitraum von 15 Jahren festzustellen. Mit der Anzahl der Arbeitsjahre nimmt die Wichtigkeit dieses Kriteriums bei beiden Gruppen also geringfügig ab.

Ganz ähnlich sieht es bei den Kriterien Soziales und Weiterbildung aus. Bei beiden Gruppen ist ein leichtes Abfallen der Motivationskraft mit der Anzahl der Arbeitsjahre festzustellen. Erstaunlich ist das Ergebnis beim Motivationskriterium Arbeitsinhalte: Hier ist bei den Führungskräften ein deutlicher Anstieg mit der Anzahl der Arbeitsjahre zu erkennen. Eine Differenz von 8% bei einem Beurteilungszeitraum von 15 Jahren ist bereits eine Größe, die zu Maßnahmen in einem Unternehmen führen müsste. Bei den MitarbeiterInnen ist hier eine extrem große Bewegung erkennbar. Eine Steigerung auf mehr als 50% innerhalb des Beobachtungszeitraumes ist eine Tatsache, welche bei der Planung eines Mitarbeiterentwicklungsprogrammes bzw. bei einer Motivationsstrategie eine zentrale Rolle einnehmen muss. Offensichtlich ist dies nicht nur das sich am stärksten verändernde Motivationskriterium, es entwickelt sich auch mit der Anzahl der Berufsjahre zum wichtigsten Motivationskriterium eines Mitarbeiters oder einer Mitarbeiterin und ersetzt das monetäre Kriterium an der Spitze der Motivationsfaktoren.

Somit ist also gerade bei den Arbeitsinhalten die größte Gefahr der Demotivation gegeben. Zu erkennen, wann einem/einer MitarbeiterIn die Arbeitsinhalte wichtiger sind als die monetäre Situation, ist ein wichtiger Punkt in der Führung von MitarbeiterInnen. Hier kann mehr Nutzen geschöpft und Loyalität zum Unternehmen produziert werden als mit Beförderungen, Biennal-sprüngen, Vorreihungen odgl. Dies heißt aber nicht, dass Führungskräfte einzig und allein bei älteren MitarbeiterInnen hier einen Motivationsansatz finden können. Wenn in einem Zeitraum von 15 Jahren eine derart hohe Paradigmenverschiebung statt-findet, hat das Alter der MitarbeiterInnen weniger damit zu tun als die Zugehörigkeit zu einem Unternehmen bzw. einer Verantwortung oder einer Aufgabe. Wenn man dieses Ergebnis mit einer Befragung über Gründe zum Unternehmenswechsel von MitarbeiterInnen vergleichen würde, wäre vermutlich ein Zusammenhang zu diesem Kriterium zu erkennen.

4.2.4 Darstellung der monetären Motivationsfaktoren

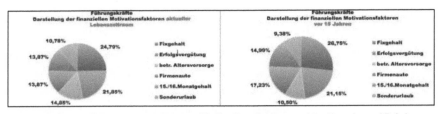

Abb. 12: Darstellung von monetären Motivationsfaktoren aktuell und vor 15 Jahren
bei Führungskräften Quelle: eigene Darstellung

Bei den Führungskräften geht die stärkste Motivation im Bereich der monetären Motivatoren vom Fixgehalt aus, allerdings schon knapp gefolgt von variablen Vergütungen. Im Verhältnis dazu spielen ein Firmenauto bzw. Sonderurlaube eine untergeordnete Rolle. Es ist auch deutlich erkennbar, dass die Gewichtung aller monetären Motivatoren sich über den Beobachtungszeitraum nicht verändern. Dies ist erstaunlich, da in der Wirtschaft allgemein immer mehr Wert auf variable Vergütungssysteme gelegt wird. Dies lässt allerdings den Umkehrschluss zu, dass bei variablen Vergütungen die zu erreichende Summe weitaus höher sein muss als bei einer Befriedigung durch ein Fixgehalt.

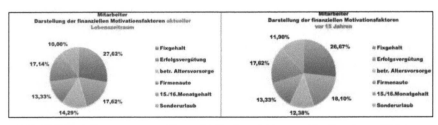

Abb. 13: Darstellung von monetären Motivationsfaktoren aktuell und vor 15 Jahren
bei Angestellten Quelle: eigene Darstellung

Auch bei den Angestellten ohne Führungserfahrung ist dasselbe Bild wie bei den Führungskräften zu sehen. Das Fixgehalt ist der wichtigste Motivator. Allerdings gibt es so gut wie keine Veränderung in den Beobachtungszeiträumen. Mit 27,62% im aktuellen Lebenszeitraum und 26,67% vor 15 Jahren ist die Veränderung mit 0,95% zu vernachlässigen. Eine eher untergeordnete Rolle spielen die Faktoren „Sonderurlaub" und „betriebliche Altersversorgung". Firmen, die der Meinung sind, dass ein Firmenauto eine(n) MitarbeiterIn ohne Führungsverantwortung motiviert, liegen nicht definitiv falsch, dennoch ist dieser Faktor nicht in dem Maße leistungsfördernd wie Fixgehalt oder variable Vergütungen. Dies obwohl hier die meisten Synergien zwischen Arbeitgeber und Arbeitnehmer herrschen sollten. Die ArbeitnehmerInnen müssen die gesamte anfallende Steuerbelastung eines privaten PKWs tragen, wobei der Unternehmer doch einige steuerliche Vorteile durch einen Firmenwagen hätte. Dennoch ist zu hinterfragen, ob nicht ein Firmenauto für eine(n) Angestellten neben den monetären Motivationsfaktoren auch ein Statussymbol darstellt. Diese Frage konnte in dieser Studie nicht gesondert behandelt werden und wäre in einer eigenen Studie zu erforschen.

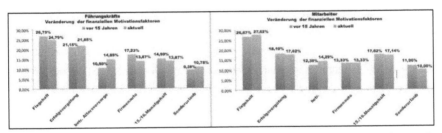

Abb. 14: Veränderung der monetären Motivationsfaktoren von Führungskräften und Mitarbeitern gegenüber gestellt Quelle: eigene Darstellung

Auch bei der Gegenüberstellung der Veränderungen ist eindeutig die Wichtigkeit von Fixgehältern ersichtlich. Dennoch ist bei Führungskräften im Gegensatz zu Angestellten die variable Vergütung ein wichtigerer Motivationsfaktor. Die Ausgeglichenheit der Veränderung der monetären Faktoren in den Beobachtungszeiträumen bei Angestellten ist auffällig. Hier sind nur marginale bis leichte Veränderungen zu erkennen. Deutlicher ist die Veränderung im Bereich „betriebliche Altersvorsorge" mit einer Zunahme von 4,35%, je länger eine Führungskraft im

Berufsleben steht, bzw. eine Abnahme der Wichtigkeit eines Firmenautos um 3,36 % im Beobachtungszeitraum bei den Führungskräften zu erkennen.

4.2.5 Darstellung der sozialen Motivationsfaktoren

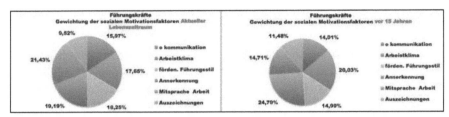

Abb. 15: Darstellung von sozialen Motivationsfaktoren aktuell und vor 15 Jahren bei Führungskräften Quelle: eigene Darstellung

Für die Führungskräfte stehen bei den sozialen Motivatoren die Mitsprache bei der Arbeit und die Anerkennung an oberster Stelle. In der Gesamtheit ist mit Ausnahme von Auszeichnungen, die eine untergeordnete Rolle spielen, eine relatives Gleichgewicht unter allen sozialen Motivatoren zu erkennen. Dennoch ist es sehr auffällig, dass es im Beobachtungszeitraum zu einer deutlichen Verschiebung bei der Wertigkeit von Anerkennung und Mitsprache kommt. Dies wird bei der Veränderung der sozialen Motivationsfaktoren noch näher betrachtet.

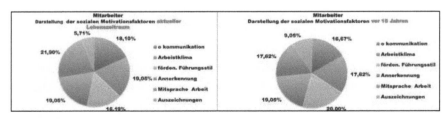

Abb. 16: Darstellung von sozialen Motivationsfaktoren aktuell und vor 15 Jahren bei MitarbeiterInnen (Quelle: eigene Darstellung

Bei den MitarbeiterInnen stellt sich eine große Ausgeglichenheit bei allen sozialen Motivationsfaktoren dar. Dies zeigt auf, dass kein Motivationsfaktor im sozialen

Bereich von Führungskräften unterschätzt werden sollte. Die Ausnahme sind auch hier wieder Auszeichnungen. Die Verschiebungen innerhalb dieses Kriteriums sind bei den MitarbeiterInnen nicht so ausgeprägt wie bei den Führungskräften. Aber auch bei den MitarbeiterInnen sind die Mitsprache bei der Arbeit und ein fördernder Führungsstil der Vorgesetzten die wichtigsten Motivatoren, die es zu befriedigen gilt.

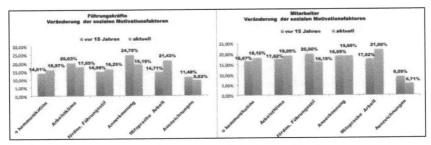

Abb. 17: Veränderung der sozialen Motivationsfaktoren von Führungskräften und MitarbeiterInnen gegenüber gestellt Quelle: eigene Darstellung

Nachdem sich bei der Veränderung der Motivatoren sehr deutlich erkennen lässt, dass bei Führungskräften zuerst die Anerkennung im Vordergrund steht und sich im Laufe der Arbeitsjahre eine deutliche Verschiebung zur Mitsprache zeigt, ist dies ein Indiz für die Maslowsche Theorie, wonach Führungskräfte sich offensichtlich hier von der Stufe der Anerkennung, welche Maslow als das Wertschätzungsbedürfnis bezeichnet, zur Selbstverwirklichung weiterentwickeln. Interessant ist, dass sich hier die Bewegung aus den Defizit-Bedürfnissen hin zu den Motivatoren zeigt.

Bei den MitarbeiterInnen ist auch mit zunehmender Zugehörigkeit zum Arbeitsmarkt ein Anstieg der Mitsprache an der Arbeit festzustellen. Dieser geht aber mehr zu Lasten des fördernden Führungsstils, welcher bei den befragten MitarbeiterInnen doch deutlich abnimmt.

4.2.6 Darstellung der Weiterentwicklungsmotivationsfaktoren

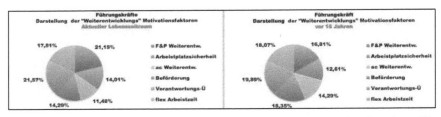

Abb. 18: Darstellung von Weiterentwicklungsmotivationsfaktoren aktuell und vor 15 Jahren bei Führungskräften Quelle: eigene Darstellung

In dieser Befragung haben Führungskräfte ein sehr starkes Bedürfnis nach fachlicher und persönlicher Weiterentwicklung und Verantwortungsübernahme als wichtig angegeben. Augenscheinlich ist, dass bei Führungskräften die Arbeitsplatzsicherheit nicht an erster Stelle steht. Diese wird sogar als geringwertigerer Motivator angesehen als flexible Arbeitszeiten.

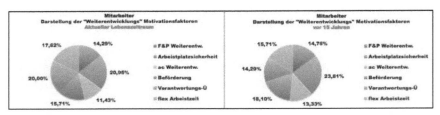

Abb. 19: Darstellung von Weiterentwicklungsmotivationsfaktoren aktuell und vor 15 Jahren bei Mitarbeitern Quelle: eigene Darstellung

Im Gegensatz zu den Führungskräften ist bei den MitarbeiterInnen die Arbeits-platzsicherheit der stärkste Motivator mit gesamt 20,95% bzw. 23,81 % im früheren Lebensabschnitt. Dennoch ist es auch für MitarbeiterInnen wichtig, die Chance zu erhalten, Verantwortung zu übernehmen, wenn auch lange nicht so ausgeprägt wie bei Führungskräften.

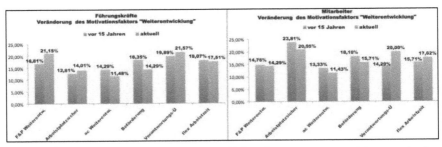

Abb. 20: Veränderung der Weiterentwicklungsmotivationsfaktoren von Führungskräften und MitarbeiterInnen gegenüber gestellt Quelle: eigene Darstellung

Bei der Gegenüberstellung ist zu erkennen, dass bei Führungskräften im Laufe des Berufslebens die beiden Hauptmotivatoren dieses Kriteriums zunehmen, bei den MitarbeiterInnen allerdings eine Abnahme des wichtigsten Motivationsfaktors „Arbeitsplatzsicherheit" gegeben ist, obwohl dieser dennoch der wichtigste bleibt.

Wenn man nun den Thesen von Herzberg (1964) folgt und die Arbeitsplatzsicherheit als Hygienefaktor ansieht, wäre hier eine Abschwächung der Demotivation mit der Anzahl der Berufsjahre zu erkennen, wenn diese nicht ausreichend erfüllt ist. Dies allerdings in der Betrachtung der MitarbeiterInnen.

4.2.7 Darstellung der Arbeits-/Tätigkeitsmotivationsfaktoren

Abb. 21: Darstellung von Arbeits-/Tätigkeitsmotivationsfaktoren aktuell und vor 15 Jahren bei Führungskräften Quelle: eigene Darstellung

Bei den hier abgefragten Faktoren bei Führungskräften ist eine untergeordnete Rolle der fachlichen Forderung zu erkennen. Die Gestaltung der Arbeit, die abwechslungsreiche Tätigkeit und das Lernen von etwas Neuem tragen die großen

Motivationspotenziale. Nach der Theorie von Herzberg sind diese als intrinsische Motivatoren zu beachten *(vgl. Kapitel 2.2)*.

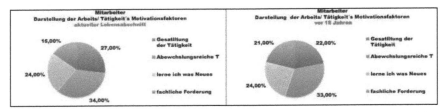

Abb. 22: Darstellung von Arbeits-/Tätigkeitsmotivationsfaktoren aktuell und vor 15 Jahren bei Mitarbeitern Quelle: eigene Darstellung

Bei den MitarbeiterInnen stellt sich ein nicht so einheitliches Bild an der Spitze der Motivationsfaktoren dar. Die abwechslungsreiche Tätigkeit ist bei den MitarbeiterInnen am gefragtesten. Diese verändert sich auch im Laufe der Arbeitsjahre kaum. Auffällig ist die doch deutliche Veränderung der fachlichen Forderung, welche mit der Anzahl der Arbeitsjahre von 21,00 % auf 15% sinkt.

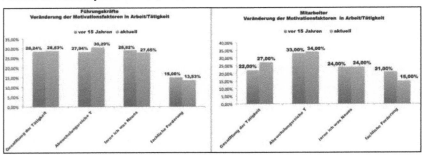

Abb. 23: Veränderung der Arbeits-/Tätigkeitsmotivationsfaktoren von Führungskräften und MitarbeiterInnen gegenüber gestellt Quelle: eigene Darstellung

In der Gegenüberstellung ist bei Führungskräften eine sehr große Ausgeglichenheit der einzelnen Faktoren zu erkennen. Diese verändern sich auch nur marginal im Beobachtungszeitraum. Im Gegensatz zu den Führungskräften ist bei den MitarbeiterInnen ein eindeutiger Trend zur Motivation durch die abwechslungsreiche Tätigkeit zu erkennen. Diese bleibt auch über den Beobachtungszeitraum so gut wie unverändert. Leichte bis große Veränderungen sind hingegen bei der Gestaltung der Arbeit und bei der fachlichen Forderung festzustellen.

4.2.8 Tätigkeitsveränderung der MitarbeiterInnen

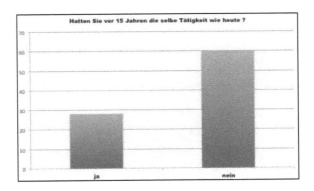

Abb. 24: Darstellung der Tätigkeitsveränderung innerhalb von 15 Jahren

Quelle: eigene Darstellung

Wenig überraschend stellte sich bei der Befragung heraus, dass eine überwiegende Mehrheit der Führungskräfte und MitarbeiterInnen nicht dieselbe Tätigkeit über den Befragungszeitraum beibehalten hat. 60 der 88 befragten und gültig bewerteten Personen haben mindestens einmal den Tätigkeitsbereich gewechselt.

4.2.9 Darstellung der spiralen Motivationsfaktoren

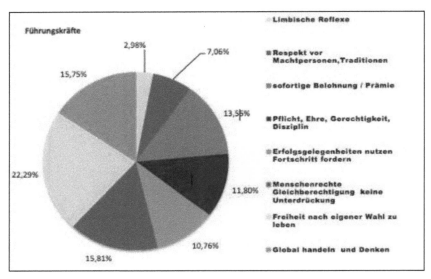

Abb. 25: Darstellung der spiralen Motivatoren bei Führungskräften
Quelle: eigene Darstellung

Wie hier dargestellt, spielen die Motivatoren der beiden ersten W-Meme Beige und Purpur eine untergeordnete bis vernachlässigbare Rolle für Führungskräfte.

Eine überwiegende Mehrheit der Führungskräfte (53,85%) finden sich in den Motivatoren des grünen, gelben und türkisenen W-Meme wieder. Dies ist bemerkenswert, da in der Literatur, allen voran Ken Wilber, diesen drei W-Memen nur 11,1% der Bevölkerung und nur 26% der Macht zuschreiben *(vgl. Kapitel 3.2.6, 3.2.8 und 3.2.9).*

Das würde bedeuten, dass die hier befragten Führungskräfte bereits einen deutlichen Trend zu weiterentwickelten Denk- und Ansichtsweisen aufzeigen, als dies derzeit angenommen wird. Wenn eine solche Situation in einem Unternehmen auftritt, das noch auf die Werte von Blau, Orange und Rot setzt, würde die Motivationskraft der eingesetzten Motivatoren wie z. B. Versprechen in die Zukunft, kurzfristige Prämien auf kurzfristige Erfolge odgl. nicht den gewünschten Erfolg bringen. Nachdem Denkstrukturen den Handlungsstrukturen und auch den Demotivationen weit vorausgehen, ist nicht gesagt, dass die Führungskräfte, nur weil sie sich von Motivatoren weiterentwickelter W-Meme angesprochen fühlen, demotiviert sind. In der Literatur wird bereits festgestellt, dass „das Fehlen von Hygienefaktoren auf Mitarbeiter demotivierend wirken kann" *(Franken 2010, S. 94)*. Das Fehlen von Motivatoren oder auch das Einsetzen falscher Motivatoren hingegen wirkt nur nicht motivierend. Dennoch besteht eine Gefahr, dass bei wiederholten Einsatz falscher Motivatoren MitarbeiterInnen auf ihrem imaginären Konto der Führungskräfte negative Einträge hinterlassen und dies im Endeffekt zu Demotivation führen kann *(vgl. Albs 2005, S. 33-35.)*.

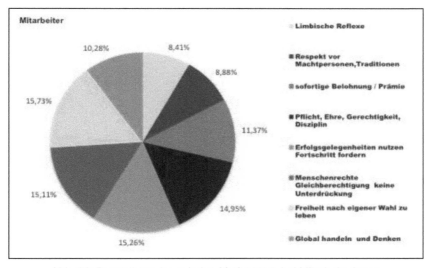

Abb. 26: Darstellung der spiralen Motivatoren bei MitarbeiterInnen
Quelle: eigene Darstellung

Bei den MitarbeiterInnen dieser Studie sind die Motivatoren der niedrigsten W-Meme durchaus zu beachten. Ebenso ist festzustellen, dass die Werte von Blau, Rot und Orange deutlich mehr Zuspruch bei MitarbeiterInnen finden wie bei Führungskräften.

Somit würde hier die Einschätzung, die in der Literatur angeführt ist, wonach diesen drei W-Memen die meisten Menschen der Bevölkerung und die höchsten Anteile der Macht zuzuordnen sind, wieder stimmen *(vgl. Kapitel 3.2.3, 3.2.4 und 3.2.5).*

Dennoch ist auffällig, dass den Motivatoren der neueren, weiterentwickelten W-Meme Grün, Gelb und Türkis auch bei den MitarbeiterInnen bereits einen viel höherer Prozentsatz an Akzeptanz entgegengebracht wird als in der Literatur angegeben *(vgl. Kapitel 3.2.6, 3.2.8 und 3.2.9).*

5. Conclusio

Aus der empirischen Datenerhebung dieser Arbeit *(vgl. Kapitel 4)* ist mit Sicherheit als erwiesen anzusehen, dass Motivatoren oder auch die Wertigkeit von Hygienefaktoren, wie es Herzberg in seiner Studie beschreibt, einer Veränderung unterworfen sind, manche von ihnen in einem geringen Ausmaß, andere wiederum in einem Ausmaß, dass es einen Paradigmenwechsel bei einer Person, einem Unternehmen oder auch einem Wirtschaftraum auslösen kann. Wenn diese Veränderungen nicht erkannt werden oder nicht darauf reagiert wird, kommt es unweigerlich zu einem Anstieg der Demotivation bzw. sind Motivatoren nicht mehr zielführend. Dies ist abhängig von den Bedürfnissen, die ein Mensch in seinem aktuellen Lebenszeitraum als zu erfüllend qualifiziert, und dem Minimum an Erfüllung von Hygienefaktoren, die er sich vorstellt. Deshalb ist es notwendig, seine Denkstrukturen zu überprüfen, da sie die Richtung seiner Weiterentwicklung zeigen.
Hier kann Spiral Dynamics einen wesentlichen Beitrag zur Einschätzung leisten. Denn in den Elementen der Spirale, den W-Memen, finden sich viele Grundelemente der erforschten Motivationstheorien wieder bzw. führen Demotivationsfaktoren zur einer Weiterentwicklung des Menschen zu einem anderen W-Mem.

Die hier behandelten theoretischen Motivationsmodelle sind meiner Ansicht nach um folgende Schlussfolgerungen und theoretische Ansätze zu erweitern.
Maslow hat seine Theorie der Hierarchie of Needs in der Zeit um 1940 entwickelt, somit sollte die Legitimität seiner Darstellung an dem damaligen Weltbild gemessen werden. In diesem Zeitraum herrschte der 2. Weltkrieg, die Zerstörung war allgegenwärtig, die Arbeitslosenquote wurde nur durch die Verpflichtung von Millionen männlicher Arbeiter in kriegswichtigen Unternehmen herabgesetzt. Dass in solch einem Umfeld die niedrigsten Bedürfnisse, die physiologischen Bedürfnisse, wie Essen, Kleidung, Gesundheit, aber auch Sicherheitsbedürfnisse wie Jobsicherheit oder ein sicheres Einkommen im Vordergrund jedes Menschen gestanden sind, ist nur zu verständlich. Nachdem diese Bedürfnisse vor dieser Zeit schon befriedigt waren und die Umwelteinflüsse diese Bedürfnisse wieder in den Vordergrund gestellt haben, ist es allso ebenso sicher, dass sich die W-Meme wieder zurückentwickelt und den Gegebenheiten angepasst oder sogar unterworfen haben.

Herzbergs Ansatz der Hygienefaktoren, welche bei einer Nichterfüllung Demotivation zur Folge haben, ist eine Theorie, die ein sehr hohes Umsetzungspotenzial hat. Dennoch sollte sein Ansatz in Verbindung mit der Hierarchie von Maslow gesehen werden, da der Mensch immer nach einer Weiterentwicklung sucht und den Erfolg dieser in Zufriedenheit und hierarchischen Ebenen misst, je nachdem, wie dieser es darstellen kann oder es zu seinem Vorteil gereicht.

Viktor Vroom setzt mit seiner VIE-Theorie einen völlig anderen Ansatz voraus, nämlich den der Situationsabhängigkeit einer Motivation. Diese ist nicht dasselbe wie die Hierarchiestufen von Maslow. Dies mag durchaus seine Berechtigung haben und kurzfristig ein messbares Ergebnis erzeugen. Dennoch ist zu bezweifeln, ob der Ansatz, die Motivierbarkeit eines Individuums auf längere Zeit situationsabhängig zu beurteilen, durchführbar ist. Die in meinen Augen berechtigte Kritik, dass Menschen nicht immer rational handeln und auch ein Teil ihrer Tätigkeiten Routinearbeiten sind, wird es nicht zulassen, dass sich diese Theorie für sich alleine als Motivations- programm umzusetzen lässt. Dennoch ist eine Übereinstimmung dieser Theorie mit Spiral Dynamics zu erkennen, wo in der Literatur beschrieben ist, dass ein Ididuum sich situationsbedingt verschiedener W-Meme bedient, wenn es einen Vorteil darin erkennt. Natürlich mit der Einschränkung, dass es sich nur solcher W-Meme bedienen kann, die es schon kennengelernt hat.

Alle drei Modelle zusammengenommen haben das Potenzial, eine Vielfalt von Motivations- und Demotivationsszenarien und deren Ursachen, die täglich in der Wirtschaft auftreten, erklärbar und beherrschbarer zu machen.
Dennoch ist es sehr oft der Fall, wenn Demotivationen oder nicht gelebte Moti- vationen ans Tageslicht treten, es schon zu spät ist, um diese noch einer Änderung zu unterziehen. Meist müssen dann ganze Programme neu aufgesetzt werden, und Verantwortliche, die das nicht vorhergesehen haben, verlieren ihren Job.

Hier bietet der Ansatz von Spiral Dynamics ein Werkzeug, das zum einen eine Kategorisierung einer Ist-Situation zulässt, zum anderen aber auch eine Evaluierung von Einstellungen und eine Hilfestellung bei der Zusammensetzung von Teams schafft. Vor jeder De- oder Motivationsfähigkeit steht der Denk-/Wunschprozess in einem Menschen. Spiral Dynamics bietet Führungskräften die Möglichkeit, Personen,

Abteilungen und ganze Wirtschafträume nach ihrem aktuellen Denk-/Wunschzustand einzuordnen. Daraus lässt sich dann anhand der beschriebenen Werkzeuge der theoretischen Motivationslehre ein geeigneter Maßnahmenplan zur Reduktion der Demotivation und in weiterer Folge zur Steigerung der Motivation erstellen.

Clair W. Graves und seinen Grundlagenstudien ist es zu verdanken, dass uns solch ein Werkzeug heute zur Verfügung steht. Dass dieses Werkzeug oder auch andere Management-Tools so selten genutzt werden, was aus der empirischen Erhebung leider auch als erwiesen anzusehen ist *(vgl. Kapitel 4.2.2)*, liegt auch zu einem großen Teil daran, dass in den Lehrplänen der aktuellen Managementausbildung der der Fachhochschulen und der Seminaranbieter dem Praxisbezug der theoretischen Motivationstheorien und den Managementtests keine bis nur geringe Bedeutung beigemessen wird.

Solange sich dies nicht ändert und in der Wirtschaft weiterhin pragmatische Manager mit gleichen Anzügen und gleichen Krawatten an der Spitze von Unternehmen stehen, wird das kraftvolle Werkzeug der Motivation nur sehr begrenzt eingesetzt werden. MitarbeiterInnen wollen geführt werden, Führungskräfte wollen Visionen erkennen, die sie zu Höchstleistungen motivieren. Dazu würde es allerdings wieder charismatische Leader an der Spitze von Unternehmen benötigen, die die Managementwerkzeuge wie z. B. Spiral Dynamics oder auch andere gültige kennen und diese auch benutzen können, nicht allerdings pragmatische Manager, die glauben, nach einem 2- bis 4-tägigen Visionsworkshop Visionäre zu sein.

6. Anhang

Spiral-Dynamics-Werte-Test, Vorlage: Andreas 2010) Spiral Dynamics Schulungsunterlage, 10. Sylter Seminartage

Der Werte-Test

Der Test wurde von Don Beck (Spiral-Dynamics) auf der Basis des Graves-Value-Systems (GVS) entwickelt, um eine Zuordnung und Überblick zu den verschiedenen Levels zu erhalten.
Wie jeder Test, ist auch dieser nur eine Momentaufnahme zur ersten Annäherung an das Modell.
Die Ergebnisse geben nicht Auskunft über den „Persönlichkeits-Typ" – sondern ermöglichen eine Zuordnung eigener Auffassungen und Werte zu den Graves-Leveln.
Es empfiehlt sich, während des Beantwortens die eigenen Vorgehensweisen, Denkprozesse und Glaubenssätze zu beobachten.

Der „Test" enthält zehn Frage-Komplexe mit jeweils sieben Optionen.
Für jeden Frage-Komplex gibt es je 15 Punkte zu vergeben.
Diese 15 Punkte bitte je nach Zustimmung zur jeweiligen Aussage aufteilen.
Je höher die Punktzahl, desto größer die Zustimmung

Verschiedene Menschen mögen verschiedene Urlaubsorte.
Hier ein Beispiel:

+	Aussage/Antwort	-
4	Kulturreise	
1	Strandurlaub	
1	Sporturlaub	
2	Bergwandern	
0	Cluburlaub	
7	Fremde Kulturen	
0	Zu Hause	

Bitte erst nach der Vergabe der „positiven" Wahlpunkte für alle 10 Fragekomplexe den Test erneut lesen und „Minuspunkte" nach dem gleichen Schema vergeben und notieren (rechte Spalte).

1. Ich mag Berufe / Jobs, in denen...

...ich gerecht behandelt werde. Sicherheit und Loyalität zählt und sich jeder auf eine verlässliche Grundordnung beziehen kann	
...ich machen kann was ich will, niemand mir im Nacken sitzt und ich schnell viel Geld verdiene	
...das gemeinsame Interesse sich der Förderung der gesunden Ökologie und dem Erhalt des Lebens auf dem Planeten Erde widmet.	
...in denen wir zusammenarbeiten und zusammenhalten. In denen wir bis zum Letzten für einander einstehen	
...nach Leistung bezahlt wird, gute Karriere-Möglichkeiten geboten werden und ich erfolgreich sein kann	
...menschliche Bedürfnisse und Gefühle an erster Stelle stehen; wo wir in der Gemeinschaft, die für alle sorgt, alle gleichwertig sind	
Systemisches und weitsichtiges Denken und Handeln mehr zählt als Leute, Geld, Traditionen oder schnelle Lösungen	

2. Von den folgenden Worte und Sätze beschreiben mich am ehesten:

Ein Weltbürger, interessiert an der großen Synthese aller Energie, Materie und des Lebens im Universum	
Eine Person, die Power liebt; für den Moment lebt, und am liebsten für große Taten, Stärke, Intelligenz und Eroberungen respektiert wird	
Gleichgesinnter, liebt Zusammenhalt, spürt den Spirit und das Wesenhafte in der Natur, Objekten und Tieren.	
Humanistisch, egalitär; glaubt daran, dass jeder Mensch die gleichen Chancen zur Entwicklung haben sollte	
Konkurrierend, wertschätzt materiellen Besitz und Technologie, denkt pragmatisch, strebt nach Erfolg	
Eine Person mit moralischen Überzeugungen, patriotisch, stolz auf die eigene Kultur, verbindlich, ein gläubiger oder wertekonservativer Mensch	
Nicht materialistisch, angetrieben von innen, nach Vielfalt suchend, akzeptiert das Leben, wie es ist	

3. Ich ziehe eine Organisation vor, die...

...alle nach den gleichen Regeln behandelt und sich verpflichtet, alles vorschriftsmäßig zu verrichten	
...mich einnehmen lässt, soviel ich kann und mir den Respekt erweist, den ich verdiene	
...sich der natürlichen Umgebung anpasst, so dass die Organisationsform durch die aktuellen Funktionen bestimmt wird	
...mit einem globalen Informationsnetz verbunden ist, und Entscheidungen aufgrund von natürlichen Organisationsformen trifft	
...unsere Traditionen wahrt, Feste beachtet und unserer eng verbundene Gruppe schützt	
...zur inneren und äußeren Gesundheit all ihrer Mitglieder beiträgt, so dass diese sich vollkommen human entwickeln kann	
...strategisch denkt und wettbewerbsorientiert handelt, um in ihrer Nische erfolgreich zu sein	

4. Bezahlung und Belohnung sollten entschieden werden nach...

...dem, was Menschen wie ich brauchen, um mir und meinen Leuten Sicherheit und Schutz zu gewährleisten	
...individuellen Beiträgen, die auf Wissen, Kompetenzebenen und Grad der Bedeutung für die Funktion basieren	
...dem, was man kräftemäßig und schnell genug organisieren kann, denn jeder muss im „Haifischbecken" klar kommen	
...den kollektiven Bedürfnissen der ganzen menschlichen Gemeinschaft, so dass sie jedem nutzen, anstatt wenige zu bevorzugen	
...dem was Menschen an Leistung erbringen und wie viel Karrierepotential sie mitbringen	
...dem, was die Entwicklung von Programmen und Perspektiven fördert, die zum globalen Überleben beitragen	
...dem Bedürfnis unseren Lebensstandard zu bewahren; Alter, loyalem Dienst und für eine sichere Zukunft im Alter	

5. Die Prioritäten meiner eigenen Karriere werden bestimmt durch...

...was immer meiner Arbeitsgruppe / meinem Team erlaubt wie eine Familie zusammmen zu bleiben	
...das, was ich zu tun habe, um zu bekommen was ich will - ohne mich jemand zu unterwerfen oder mit einem System konform gehen zu müssen	
...was gerecht und richtig ist, da mein Job und mein Beruf meinen passenden Platz in der Gesellschaft widerspiegeln sollte	
...den Zielen, die ich mir gesetzt habe, um die guten Dinge des Lebens zu erreichen	
...die Art und Weise, wie ich mich für die Sache der Menschheit einsetzen kann, um Hunger, Armut, Rassismus und Gewalt zu reduzieren	
...das, was ich jetzt wirklich getan und erlebt haben will, auch wenn es bedeutet, einen völlig neuen Kurs einzuschlagen	
...ein Bedürfnis, mit anderen Menschen weltweit zusammen zu gehen, um für eine neue globale Ordnung zu arbeiten	

6. Die Welt ist...

...vom Schicksal kontrolliert und einer Höheren Gewalt geleitet	
...wie ein Dschungel, in dem der Stärkste und Schlaueste andere besiegen muss, um zu überleben	
...ein elegant balanciertes System von ineinandergreifenden Kräften	
...ein magischer Ort voller lebendiger Geister, wo Sicherheit und Schutz durch Gemeinschaft existiert	
...ein Pool unbegrenzter Möglichkeiten und Gelegenheiten für diejenigen, die bereit sind, Risiken einzugehen	
...die menschliche Heimat, in der wir die Erfahrungen des Lebens miteinander teilen	
...ein chaotischer Organismus, der von Unterschieden und Veränderungen getrieben wird, ohne Garantien zu geben	

7. In einer idealen Welt...

...fühlen wir uns sicher, da wir wissen, dass der Geist unserer Ahnen uns schützt	
...habe ich heldenhafte Eroberungen gemacht und wird mein Name für immer lebendig sein	
...triumphiert Gerechtigkeit über das Böse und der Gläubige erhält seinen gerechten Lohn	
...habe ich materiellen Erfolg erreicht und genieße das Beste, was die Welt zu bieten hat	
...treffen sich unsere Hände und Herzen, um gleichermaßen in Frieden und Gemeinschaft zu gedeihen	
...passt sich die Bevölkerung den zur Verfügung stehenden natürlichen Ressourcen an, so dass jeder mehr und effizienter lernen und handeln kann	
... hält alles Lebendige die Erde als Teil der kosmischen Ordnung in Balance und Harmonie	

8. Wann immer ich kritisiert werde, ist es meistens...

...zu rebellisch zu sein und zu selbstbezogen, ein „Machtsüchtiger", der Unruhe stiftet und dem es um die eigene Bedürfnisbefriedigung ginge	
... zu ehrgeizig und materialistisch zu sein, eine Spielernatur, der andere ausbeutet, um zu gewinnen	
...zu abstrakt und metaphysisch zu sein, eine Art spiritueller Wanderer, in planetarischen Angelegenheiten verfangen	
... zu sensitiv zu sein und sich zu sehr um Leute zu kümmern; ein naiver Sozialarbeiter, der den Realitäten des Lebens gegenüber blind ist	
...zu rigide und urteilend zu sein, eine Person, die so starre Glaubenssätze hat, dass das Leben eng, restriktiv und unerbittlich wird	
...zu abergläubisch und mystisch zu sein, eine Person, die von Zauberern, Geistern und dem Schicksal geplagt wird	
... zu reserviert und distanziert zu sein; ein Individuum, das sein Ding macht und kein Opfer und Commitment für das Wohl anderer aufbringt	

9. Wenn ich wirklich unter Stress stehe, dann...

...beziehe ich mich auf meinen Glauben und meine Überzeugungen, um meine Not zu verstehen	
...komme ich zur Sache und kämpfe noch härter, um in meiner Welt zu überleben, wo Zähigkeit sich auszahlt	
...frage ich mich nach Gründen und entscheide mich, damit zu leben oder diese zu beenden, selbst wenn es bedeutet, komplett meinen Lebensstil zu ändern	
...gehe ich auf eine andere Bewusstseinsebene, um die inneren und äußeren Begründungen zu transzendieren, die ihn hervorbringen	
...mache etwas, damit das Glück mir wieder zuwinkt und gehe irgendwohin, wo ich mich sicher fühle	
...entwickle ich Strategien, um Leute und Ereignisse zu beeinflussen, um die Situation wieder unter Kontrolle zu bringen	
...suche Unterstützung und Hilfe von anderen, um meine Gefühle und Ängste zu erforschen und mit ihnen umzugehen	

10. Meine tiefsten Überzeugungen und Werte...

...kommen von den Traditionen meiner Leute und meiner Vorfahren	
...sind das, was ich will, dass sie sind - und sie gehen niemand etwas an als mich selbst	
...stehen auf dem sicheren Boden meines Glaubens und des letztlich Wahren Weges	
...wachsen aus dem Vertrauen, dass wir die Kraft haben, die Zukunft zu gestalten	
...kommen aus einer Akzeptanz unserer Bedürfnisse nach Unabhängigkeit und des Miteinander-Teilens	
...reflektieren sehr persönliche Ansichten dessen, was in einer komplexen und sich ändernden Welt funktioniert	
...verbinden sich meine Energien mit natürlichen Kräften im Universum jenseits von Zeit und Raum	

Auswertung:

Bitte die Plus und Minus-Punkte in der Reihenfolge der Aussagen übertragen und am
Ende die gesammelten Plus (Pro) und die gesammelten Minus (Contra) je Farbe
zusammenzählen in die Liste / Diagramm eintragen.

1.
+		−
	Blau	
	Rot	
	Türkis	
	Lila	
	Orange	
	Grün	
	Gelb	

6.
+		−
	Blau	
	Rot	
	Türkis	
	Lila	
	Orange	
	Grün	
	Gelb	

2.
	Türkis
	Rot
	Lila
	Grün
	Orange
	Blau
	Gelb

7.
	Lila
	Rot
	Blau
	Orange
	Grün
	Gelb
	Türkis

3.
	Blau
	Rot
	Gelb
	Türkis
	Lila
	Grün
	Orange

8.
	Rot
	Orange
	Türkis
	Grün
	Blau
	Lila
	Gelb

4.
	Lila
	Gelb
	Rot
	Grün
	Orange
	Türkis
	Blau

9.
	Blau
	Rot
	Gelb
	Türkis
	Lila
	Orange
	Grün

5.
	Lila
	Rot
	Blau
	Orange
	Grün
	Gelb
	Türkis

10.
	Lila
	Rot
	Blau
	Orange
	Grün
	Gelb
	Türkis

Summen:

Summe + Punkte gesamt Farbe	Lila	Rot	Blau	Orange	Grün	Gelb	Türkis
Summe - Punkte gesamt							

Darstellung als Säulendiagramm:

	Lila	Rot	Blau	Orange	Grün	Gelb	Türkis
+ 100							
+ 90							
+ 80							
+ 70							
+ 60							
+ 50							
+ 40							
+ 30							
+ 20							
+ 10							
0	Lila	Rot	Blau	Orange	Grün	Gelb	Türkis
- 10							
- 20							
- 30							
- 40							
- 50							
- 60							
- 70							
- 80							
- 90							
- 100							

7. Literatur- und Quellenverzeichnis

Albs (2005): Wie man Mitarbeiter motiviert, 1. Auflage, Berlin

Andreas (2010): Spiral Dynamics Schulungsunterlage, Sylt , 10. Sylter Seminartage

Bär/Krumm/Wiehle (2010): Unternehmen verstehen, gestalten, verändern, 2. Auflage, Wiesbaden

Beck/Cowan (2007): Spiral Dynamics Leadership. Werte und Wandel, 1. Auflage, Bielefeld

Franken (2010): Verhaltenstheoretische Führung, 3. Auflage, Wiesbaden

Graves (1974): Human Nature Prepares for a Momentous Leap. The Futurist, Maryland, S. 72-87

Gourmelon/Mroß/Seidl (1975): Management im öffentlichen Sektor, 1. Auflage Heidelberg

Hentze/Graf et. al. (2005): Personalwirtschaftslehre, 4. Auflage, Germany

Hentze/Graf (2005): Personalwirtschaftslehre 2, 7. Auflage, Göttingen

Holtbrüge (2005): Personalmanagement., 2. Auflage, Berlin

Jung (2011): Personalwirtschaft, 9. Auflage, Oldenburg

Kotler et. al. (2003): Grundlagen des Marketings, 3. überarbeitete Auflage, München, Pearson Studium

Nerdinger/Blickle/Schaper (2011): Arbeits- und Organisationspsychologie, 2. Auflage, Berlin

Pleier (2008): Performance Measurement Systeme und der Faktor Mensch, 1. Auflage, Wiesbaden

Schnell/Hill/Esser (2008): Methoden der empirischen Sozialforschung, 8. Auflage, München

Schreyögg/Koch (2007): Grundlagen des Managements, 1. Auflage, Wiesbaden

Sprenger (2010): Mythos Motivation. Wege aus einer Sackgasse, 19. Auflage, Frankfurt/New York

8. Tabellenverzeichnis

Tabelle 1: Statistik der empirischen Auswertung aller Fragebögen Quelle: eigene Darstellung

9. Internetverzeichnis

INTEGRALES FORUM e.V. (2008) (http://integralesforum.org/index.php?id=201#) in Bezug von Wilber (2001): Integrale Psychologie, und Wilber (2001): Ganzheitlich handeln. (13.10.2011)

Stadt Wien (2011): www.wien.gv.at/gesundheit/leistungen/mindestsicherung/ (28.08.2011)

Lightning Source UK Ltd.
Milton Keynes UK
UKHW010714300519
343596UK00002B/632/P